戦国

手柄は足にあり

黒澤はゆま
Kurosawa Hayuma

インターナショナル新書　102

はじめに

令和元年九月、三重県鈴鹿市は白子浜《しろこ》の潮風に吹かれながら、私は敗北感に打ちひしがれていた。

前著『戦国、まずい飯！』の企画で、家康《いえやす》の三大危機として名高い伊賀《いが》越えにチャレンジし、そしてものの見事に失敗したのだ。

目的は戦国飯の栄養源としての能力を証明するためだった。

誓っていうが、戦国飯に罪はない。

兵糧丸《ひょうろうがん》、糒《ほしいい》、梅干しといった戦国飯を携えていったが、どれもしっかりこの過酷な旅の原動力になってくれた。

最大の原因は私の体力、そして知力不足である。

妻から「アスファルトの道だったら登山靴は邪魔じゃない？」とか、「その大きい寝袋も多分邪魔になるわよ」と忠告されていたが、「用心にこしたことはない」という理由で持っていったところ本当に邪魔になった。

底の固い登山靴は一歩一歩踏みしめる度《たび》に、着実に足にダメージを加えていったし、登山リュックに縛り付けた寝袋も肩に食い込んで、呪いのように体力を消耗《しょうもう》させた。

一日目こそ四條畷《しじょうなわて》神社から京田辺《きょうたなべ》を経由して山口《やまぐち》城跡近くのキャンプ場で一泊という予定通りの行程を消化できたが、二日目は残暑が厳しく気温も三〇度を超した。足は遅々として進まず、予定ではこの日、神山《こうやま》から伊賀入りした後、加太《かぶと》峠の麓《ふもと》である柘植《つげ》まで行くはずが、その一五キロメートル手前の伊賀市の入口で日も沈んでダウン。タクシーを呼ぼうとしたが「そんな遠くまで迎えに行けません」ということで、さらに伊賀コリドールロードを南下、伊賀盆地の端っこの西高倉《にしたかくら》にまで出てやっとタクシーが来てくれた。その夜は、伊賀上野《うえの》城近くのホテルで一泊したが、風呂に入って足を見ると、マメだらけになっていた。

「あぁ、やっぱりカミさんの言うことを聞くんだった」

とつくづく思ったが、後の祭りである。

ちなみに寝袋は一日目のキャンプ場で使うつもりだったのだが、毛布を借りられたので本当にただ持って行っただけになった。「役立たずが」と罵りつつホテルから家に送った。

三日目は予定では、柘植から加太峠越えで白子浜に向かうはずだったが、残暑はさらにきつくなり、結局かつての宿場町の風情を色濃く残す関宿《せきじゅく》でリタイアとなった。

言い訳させてもらうと、三日で総距離九七・七九キロメートルを歩き、消費カロリーは一万四一四八キロカロリー、この過酷な旅を、兵糧丸二〇個、糒一合、梅干し六個、芋がら縄三切れ、途中出会った人に分けてもらった蜜柑《みかん》など、戦国時代に手に入るものだけで実行した。

戦国飯の実力を試すという人体実験の目的は一応達成できたのである。

しかし、電車で辿り着いた白子浜で潮風に吹かれながら私は悔しくてならなかった。

本当なら家康とその家臣がそうしたように、全部歩きで伊賀越えを達成するつもりだったのだ。それができなかったのだから、これはやっぱり完膚《かんぷ》なきまでの敗北である。

そして、戦国を生きた人々の底知れぬバイタリティを思った。

彼らには私が道中何度も現在位置を確認したスマホもなかった。水分補給に頼った自動販売機もなかった。虫よけスプレーもなければ、快適なコテージもホテルもなかった。

それどころか、道中、野伏《のぶし》などの襲撃を何度も受け、それらを蹴散らしながらの旅だったのである。

また、伊賀越えの日程は二泊三日説、三泊四日説など諸説あるが、いずれにせよ三河《みかわ》に辿り着いた家康は直ちに、信長《のぶなが》仇討ちの兵を起こしている。天正《てんしょう》一〇年（一五八二）六月二日朝、堺《さかい》にいたはずの家康は、その十二日後の六月十四日には、尾張鳴海《おわりなるみ》に姿をあらわしているのである。

慎重居士《しんちょうこじ》で鈍重な印象のある家康だが、その実、羽でも生えているかのように、山を越え、谷を越え、河を渡り、海を渡り、日本中を駆け抜けた人生だった。これは、第一章「大坂夏の陣」で詳述するが、彼の最後の戦いでも遺憾なく発揮されている。

上杉謙信《うえすぎけんしん》が残したとされる言葉にこんなものがある。

「運は天にあり、鎧《よろい》は胸にあり、手柄《てがら》は足にあり」

また黒澤明の映画『七人の侍』で、侍の一人、七郎次《しちろうじ》は百姓に戦い方を教えてやりながら言う。

「戦《いくさ》ほど走るものはないぞ。攻むる時も、退く時も走る。戦に出て走れなくなった時は、死ぬ時だ」

その通り、戦国時代というのは、足を止めたらもう死ぬしかない時代だった。

逃げるにせよ、立ち向かうにせよ、伊賀越え前後の家康がそうだったように、走り続けるしかなかった。

走ることこそが、戦国武将にとって、最大のサバイバル術だったのだ。


敗残の身に、白子の街は優しかった。

釣り好きの人が多いらしく、家族連れで釣りを楽しんだりしている。

お父さんが釣り糸を垂らす横で、お母さんがビールを飲み、その間を縫うようにして子どもたちが走り回っている。

しかし、そんな平和な情景を見ながら、私はむくむくと、ある衝動が湧きあがってくるのを抑えることができなかった。

「走りたい」

家康が、信長が、秀吉《ひでよし》が、戦国の英雄たちが駆けた道を走りたくなったのだ。

大坂夏の陣、桶狭間《おけはざま》の戦い、川中島《かわなかじま》の合戦……。

彼らの走った戦場を辿ることで、湧きあがる感興を文章にしたくなった。

躍る心臓、流れる汗、笑う膝《ひざ》、そんなもののなかに、歴史の実相の一端があるかもしれないと思ったのだ。

私はどうにもそうした身体的感覚を通じてしか「歴史」というものを描けない性質らしい。

走り出す前に、ルールをはっきりさせよう。

自動車や電車といった、いわゆる乗り物を一切使わないことは言うまでもない。

ルートについても、研究者ではなく、しょせん小説家としてだが、調べられるだけのことを調べたうえで再現しようと思う。

ただ、時々歩くのはどうかご容赦《ようしゃ》いただきたい。なんといってもアラフォーの老兵なんである。

では、スマートウォッチを携え、ジョギングシューズを履いて走り出そう。

目次

第一章　大坂夏の陣

大坂夏の陣　ルート地図

（----- が筆者の走ったルート）

実は幻なのか？　信繁による家康本陣突撃

戦国ラン、第一走目は「大坂夏の陣」でいくことにした。夏の陣のクライマックス、慶《けい》長《ちょう》二〇年（一六一五）五月七日の「天王寺《てんのうじ》・岡山《おかやま》の戦い」において、真田信繁《さなだのぶしげ》（幸村《ゆきむら》）が徳川家康本陣に突撃したルートを実際に走ってみるのだ。

この戦いを取り上げた理由だが、信繁による家康本陣切り込みは、戦国最後の見せ場であり、戦場の上町《うえまち》台地は大阪在住の私にとって土地勘のある場所である。また、狭隘《きょうあい》な台地上で争った天王寺・岡山の戦いなら走るルートが短くてすむ。なんといっても大して運動経験のないアラフォー。いきなり、佐々成政《さっさなりまさ》の「さらさら越え」*なんかにチャレンジすると、死にかねない。それに今回の企画は走ることだけでなく、ルートを突き止めることも重要なポイントとなる。その点、大坂夏の陣は戦国最後の戦いということで小説やドラマに取り上げられることも多く、参考書籍も豊富、ルートは楽に判明するに違いないのだ。

まずは、小説の種本になるばかりでなく、歴史研究においても参考にされることの多い、

＊さらさら越え　越中《えっちゅう》（現在の富山県）の領主だった佐々成政（?〜一五八八）が、小牧《こまき》・長久手《ながくて》の戦いで停戦中だった徳川家康に再起を促すために、厳冬期に北アルプスの山越えを敢行。

参謀本部第四部編纂の『日本戦史　大坂役《えき》』を読んでみよう。それによると、

さて、幸村が兵を率いて突入すると、越前《えちぜん》兵は危く破られそうになった。それを援けようとして、家康麾下《きか》の士が進み、戦死する者もあった。東軍は諸隊が競って進撃したため、後方の備えが定まらない。そこで諸隊の前進を押さえ、敗兵が散るのをとどめた。家康は馬を路傍にとめた。そのとき、そばにいたのは騎士小栗正忠《おぐりまさただ》一人だけであった。旗奉行も麾下を離れて先頭にある。永井直勝《ながいなおかつ》は諸隊を巡視して、引き返すように命じた。越前兵は猛攻して、ついに茶磨山《ちゃうすやま》（茶臼山）に旗を立てた。西軍は支え切れずに退いたが、真田幸村は意気ますます盛んで、縦横に突進して数回も東軍をかき乱す。その後、幸村はわずかに退いて安居《やすい》天神でひと息入れていたが、そのとき越前の士西尾《にしお》某《なにがし》が進んできて、幸村を槍で殺した。（引用は『日本の戦史　大坂の役』旧参謀本部編纂、徳間書店から。以下同）

ちょっと長めに引用してしまったが、天王寺・岡山の戦いにおいて信繁が活躍した部分の記述はこれだけである。

具体的な場所は記されておらず、それどころか「縦横に突進して数回も東軍をかき乱す」とはあるものの、別に家康の本陣に突撃したとは書かれていない。

おかしい。段々、不安になってきた。

信繁による家康本陣突撃は、数々の小説・漫画・映画で取り上げられてきた。平成二八（二〇一六）年の大河ドラマ『真田丸《さなだまる》』でも、たっぷりと描かれている。繰り返しになるが、信繁による家康本陣切り込みは、戦国最後の見せ場なのである。それに、信繁の突撃は、とかく権威とか空気とか流れといったものに弱く、従順な国民性である日本人にとって、本来はかくありたいと願う男の象徴なのである。

弱小なものが理不尽にいきり立ち、わき目もふらず、はるかに強大なものに喰《く》らいかかる。その姿に日本人は何度も勇気づけられてきたのだ。

だが、もしそれがただの幻影なのだとしたら……。

これは初っ端から戦国ランどころではなくなってきたかもしれない。

やっぱり真田は凄かった

寛文《かんぶん》年間（一六六一〜七三）以前に成立したと言われる、大坂の陣について書かれた軍記

『難波戦記《なにわせんき》』も読んだが、信繁は茶臼山前に展開した松平忠直《まつだいらただなお》率いる越前勢相手にそれなりに抵抗するものの、特にこれといった見せ場もなく討ち死にする。

紀州《きしゅう》藩士で軍学者の宇佐美定祐《うさみさだすけ》が延宝《えんぽう》五年（一六七七）に記した『大坂御陣覚書《おおさかごじんおぼえがき》』（大阪市史編纂所編集）はもっとそっけなくて、なんと「一刃も不合《あわさず》押立てられ右往左往に崩れ行」と、越前勢になすすべなくやられてしまったような記述になっている。もちろん、家康本陣への突撃なんて一言も書かれていない。

「うーん、やっぱり信繁による切り込みは、判官《はんがん》びいきの引き倒しによる幻だったのだろうか？　戦国ランは第一章でジ・エンドになってしまうのか？」と頭を抱えていると、先述の『大坂御陣覚書』に掲載されている、藤田実氏の解説「宇佐美定祐と『大坂御陣覚書』」に次のような一文を見つけた。

「真田がこの日奮戦をしたことは、間近で参戦していた細川忠興《ほそかわただおき》の書状に『真田左衛門《さえもん》於合戦場討死、古今無之《これなき》大手柄』とあることからしても、確からしく思われる。しかし具体的にどのように戦ったかとなると、実のところ史料はほとんどない」

補足すると、同時代人の証言としては他にも、『薩藩旧記雑録《さっぱんきゅうきざつろく》』に収載された島津忠恒《しまづただつね》の手紙に「五月七日に、御所様の御陣へ、真田左衛門佐かかり候《そうろう》て、御陣衆追いちらし、討ち捕り申し候。御陣衆、三里《り》ほどずつ逃げ候衆は、皆みな生き残られ候。三度目に真田も討死にて候。真田日本一の兵《つわもの》、古《いにしえ》よりの物語にもこれなき由《よし》。惣別これのみ申す事に候」とある。

忠恒は遠方の薩摩《さつま》から出立はしたものの、結局、夏の陣に間に合わなかったため、戦いの様子も伝聞で聞いただけという弱みはあるが、信繁による家康本陣突撃説を立証する有力な証拠だ。

他にも公家《くげ》の山科言緒《やましなときお》が記した日記『言緒卿記』に「五月七日、癸丑《みずのとうし》、天晴。大坂落城す。天王寺にて、真田、たびたび武辺、其の後、討死なり」と記されている。

要するに、五月七日に、信繁がどこで何をしたかははっきり分からないが、当時を生きた人々がその戦いぶりに「凄かったなぁ」という感慨を抱いたのも、確かなようなのだ。

よかった、よかった。

でも、結局、信繁がどこで家康を襲撃したかまでは、分からない。

そこで、映画、ドラマ、小説、あるいは通俗的な歴史読み物で得た、真田伝説の先入観は一旦リセットし、自分なりに史料を調査して、慶長二〇年（一六一五）五月七日、大坂の上町台地で一体何があったか推理を進めていく。

街道の分捕り合戦

慶長二〇年五月七日、「天王寺・岡山の戦い」と称されることになる、大坂夏の陣、最終決戦だが、まず布陣図を見てみよう。

先述の『日本戦史　大坂役』に掲載のものを下敷きに作成した。巷間《こうかん》出回っている大坂の陣布陣図もたいていこちらを下敷きにしている。

家康の本陣が平野《ひらの》から西へ細長く延びているのが気になるところだが、それはひとまず置いておいて、街道が三つあることに注目してもらいたい。

西から、紀州街道、熊野《くまの》街道、奈良《なら》街道である。

白地図だとどこでも行けそうに見えるが、軍隊の行軍ルートは限られる。地形の凹凸もあれば、水田もある。沼沢《しょうたく》、河川も避けなくてはならない。そのため、少数による奇襲でもなければ、たいてい街道を使う。

夏の陣でも同様で、東軍は先にあげた三つの街道と、もう一つ地図には描かれていない、熊野街道と奈良街道の間の庚申《こうしん》街道を通って、大坂城に迫ろうとした。東軍方を、使った街道によって、大きく四つの兵団に分けることもできる。それぞれ、代表的な武将を列挙

図1　夏の陣布陣図(『日本戦史　大坂役』などをもとに作成)

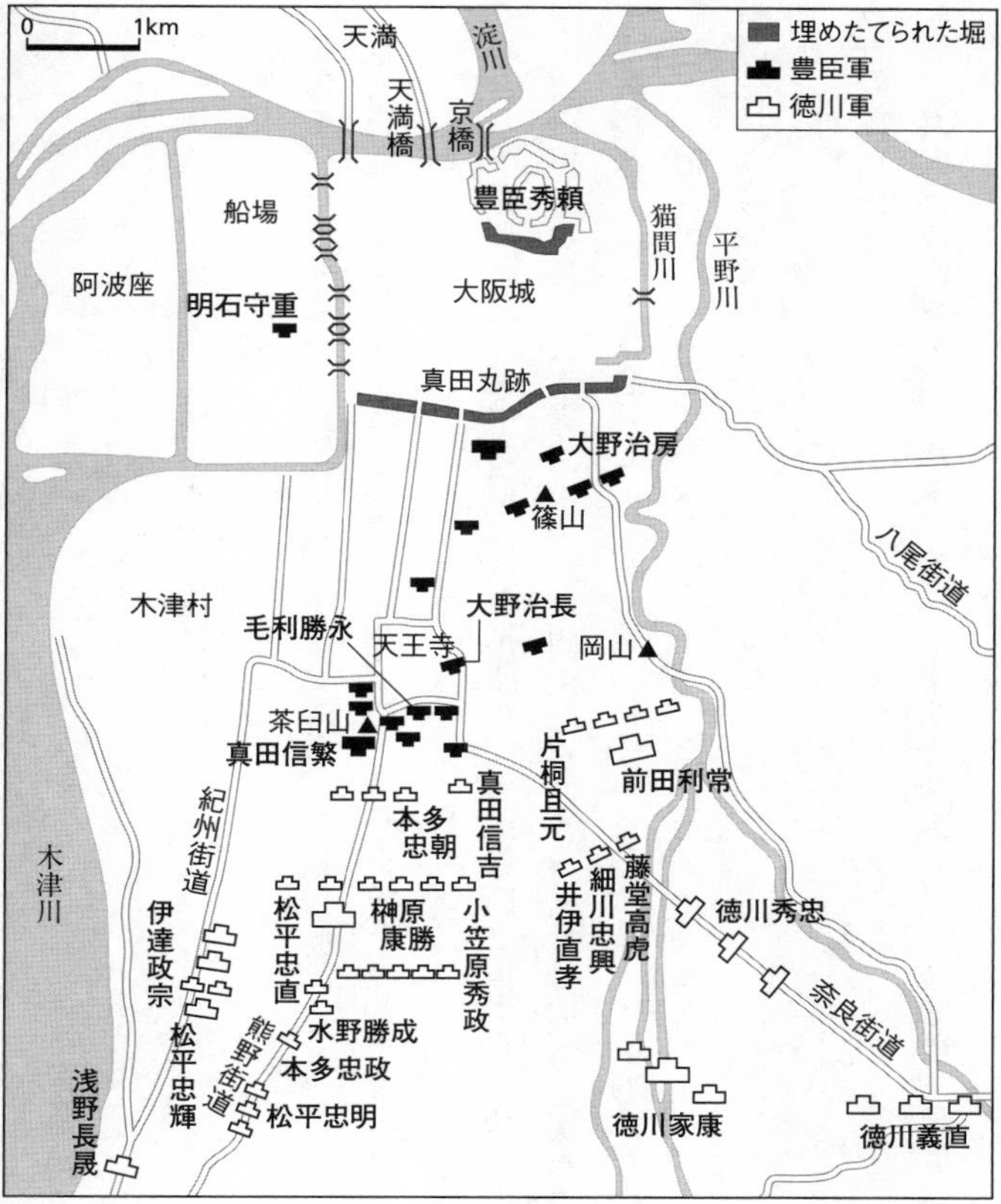

していく。

紀州街道：伊達政宗《だてまさむね》、松平忠輝《ただてる》、浅野長晟《あさのながあきら》
熊野街道：松平忠直、水野勝成《みずのかつなり》、本多忠政《ほんだただまさ》
庚申街道：本多忠朝《ただとも》、真田信吉《のぶよし》、小笠原秀政《おがさわらひでまさ》、榊原康勝《さかきばらやすかつ》
奈良街道：前田利常《まえだとしつね》、藤堂高虎《とうどうたかとら》、細川忠興《ただおき》、井伊直孝《いいなおたか》、徳川秀忠《ひでただ》

このうち、熊野街道、庚申街道を進む軍団が、天王寺口を担当し、奈良街道を進む軍団は岡山口を担当した。天王寺口が主攻、岡山口が助攻である。西軍（大坂方）も天王寺口が主決戦場になることは想定していて、真田信繁を茶臼山に、毛利勝永《もうりかつなが》を四天王寺の南に布陣した。信繁が熊野街道、勝永が庚申街道、奈良街道を通せんぼするわけだ。夏の陣は、街道の分捕り合戦でもあった。

大坂方の作戦とは？

さて、大坂方の作戦案は、八尾《やお》・若江《わかえ》、道明寺《どうみょうじ》合戦のはじまる前、信繁はじめとする古

参の諸将が当初主張した「天王寺表に柵《さく》を設け、そこに敵を引き付けて合戦しましょう」に戻ったことになる。* そこにはどんな勝算があったのだろうか?

その答えをうかがわせる書状が残っている。

この日の朝、大野治房《おおのはるふさ》が同輩か配下の者に宛てた書状だが、そこには次のように書かれていた。

重ねて言いますが、真田、毛利と申し合わせるのが大切です。迂闊《うかつ》な合戦をしてはな

*夏の陣での本格的な戦闘は、家康が二条城を発った五月五日の翌日と翌々日の二日間行われたに過ぎない。六日の戦闘は大坂城南東の河内平野の道明寺、八尾・若江方面で行われ両者に多くの死者が出た。この戦闘の前、四月二六日の軍議では、古参の諸将らが「天王寺表に柵を設け、そこに敵を引き付けて合戦」と主張したが、後藤又兵衛が、徳川方が大坂に入る前に狭隘な地で待ち伏せするというより積極的な作戦を提案し採用された(『大阪御陣覚書』)。しかし、作戦は徳川方に筒抜けで、主力を敵の助攻にあてる結果となった。八尾では、長宗我部盛親隊と藤堂高虎隊が、若江では木村重成隊が井伊直孝隊と相対して戦った。道明寺では後藤又兵衛が出陣するも、真田信繁らの遅参により孤立し、徳川方に包囲され伊達政宗隊に討ち取られた。

りません。抜け駆けなどないよう、固く軍律を引き締めてください。とにかく、敵を引き付けて一戦すれば、勝機も見えてきます。重ねて申し遣《つか》わしますが、敵が押し寄せてきても、茶臼山・岡山より（前に）主馬《しゅめ》（治房）の軍が飛び出てしまうと、必ず大変なことになります。このことをくれぐれも侍たちに言い聞かせてください。昨日の合戦では、あまりに遠くに出陣したため、不覚を取りました。今日の合戦は一大事ですから、主馬一人が手柄を立てても、全体で負けになれば、意味がありません。軍法を固く申し付けます。

さらに、開戦後も、治房は重ねて手紙をしたためている。

迂闊な合戦をしてはなりません。真田・毛利との相談が肝要です。敵が押し寄せてきた旨、たった今、注進で聞きました。それでも、迂闊な合戦はいけません。真田・毛利と申し合わせ、敵を引き付けて、合戦することが重要なのです。軍法がとにかく肝要です。船場《せんば》表には、明石《あかし》（全登《てるずみ》）、（大野）道犬《どうけん》を指し遣わしています。そちらからも、追々注進が届けられることでしょう。

治房は、四月九日に起きた、兄の大野治長《はるなが》暗殺未遂事件の主犯と目され、夏の陣の前《ぜん》哨戦《しょうせん》でも堺《さかい》を焼き討ちし、「樫井《かしい》の戦い」*では部下の突出をコントロールできず、塙直之《ばんなおゆき》を死なせてしまうなど、勇猛だが迂闊で粗暴な男である。それがくどいほど軍法を守れ、勝手な戦《いくさ》をするなと言っている。どの口がと言いたくなるが、それだけ大坂方はこの作戦にかけていたのだろう。

以下、治房の書状と布陣図から大坂方の作戦をまとめてみる。

①茶臼山に真田、天王寺に毛利を置き防衛線とする
②東軍方をできるだけ引き付けてから合戦を開始する
③上町台地西麓の船場に明石全登・大野道犬を遊撃隊として埋伏《まいふく》させる

*樫井の戦い　慶長二〇年四月二九日未明、大野治房を主将とした豊臣方二万（実際は三〇〇〇とされる）の軍勢が浅野長晟率いる紀州浅野勢五〇〇〇の兵に挑み惨敗した戦い。

『大坂御陣覚書』によると、③の明石全登・大野道犬隊の役割は、①②の作戦で、混戦状態に持っていった後、東軍方の背後に回り、奇襲をかけるというものだったらしい。家康の首を狙ったともいう。

治房の書状のなかで注目すべきは「茶臼山・岡山より（前に）主馬（治房）の軍が飛び出てしまうと、必ず大変なことになります」と言っている点だ。大坂方は、茶臼山・岡山を結ぶ線を最終防衛線と考え、そこから味方が突出してしまうのを、とりわけ恐れていたということが読み取れる。

しかし、冬の陣の和議で、櫓《やぐら》は取り壊され、堀も埋め立てられている。大坂城にはまともな防衛施設は残っていなかったはずである。にもかかわらず「飛び出すな」「引き付けて」という言葉が出てくるのは、何か頼みとするものが、その辺りにあったということになる。

信繁は、天王寺表と呼ばれる四天王寺の南方に、一体、何を見出したのだろうか？

キーワードは和気清麻呂《わけのきよまろ》である。

西軍最後の防衛線　清麻呂の運河跡

図2　和気清麻呂の河内川開削跡（『大阪「高低差」地形散歩』などを参考に作成）

まずは、〔図2〕を見ていただきたい。四天王寺の南に、上町台地を分断するかのような断絶があることに気づかれると思う。それは、茶臼山から発して、JR寺《てら》田町《だちょう》駅辺りで尽きる。この断絶は、和気清麻呂の河内川開削跡である。

清麻呂は、宇佐《うさ》八幡宮《はちまんぐう》神託《しんたく》事件で、称《しょう》徳《とく》天皇におもねらず、寵臣《ちょうしん》の「道鏡《どうきょう》を排除せよ」という神託を曲げず告げた硬骨漢ということで有名な人物だが、実は彼の本領は天才的な土木技術者というところにあった。

延暦《えんりゃく》四年（七八五）、清麻呂は、土砂が溜まって港湾としての機能を失いつつあった難波津《なにわつ》の代わりに、三国《みくに》川と淀《よど》川をつなげ、長岡京《ながおかきょう》と瀬戸内海を結ぶ新たな水路とした。

さらに、延暦七年（七八八）、当時はほとんど湿地だった河内《かわち》国の開発のため、上町台地を胴切りに運河を通して、大和川の水を海に落とす大工事を発案する。しかし、これは当時の技術水準、国力を考えると時期尚早だった。述べ二三万人を動員しながら、費用がかさみ過ぎ、途中で断念している。茶臼山の南にある河底《かわぞこ》池は大阪市民の憩《いこ》いの場だが、この時の工事の名残なのだそうである。

さて、さらにもう一つ、〔図3〕を見ていただきたい。

こちらは、大阪市文化財協会の「大阪上町台地周辺の古地形復元の概要」を参考にして作成した茶臼山付近の図である。図3は古墳時代、清麻呂の工事前の上町台地の復元図だが、これを見ると、茶臼山の南辺りで台地の幅がもっとも狭くなり、台地の脇腹に突き立つように谷間が東から食い込んでいる。清麻呂はこうした天然の地勢の特徴を踏まえて、運河を通そうとしたわけである。さらに〔図4〕は、飛鳥《あすか》・奈良時代の復元図である。清麻呂によって、もともとあった谷がさらに西へと延伸され、ついには台地が分断されてしまったことがよく分かる。しかし、川を通すまでには至らず、谷の底は湿地帯となってしまう。

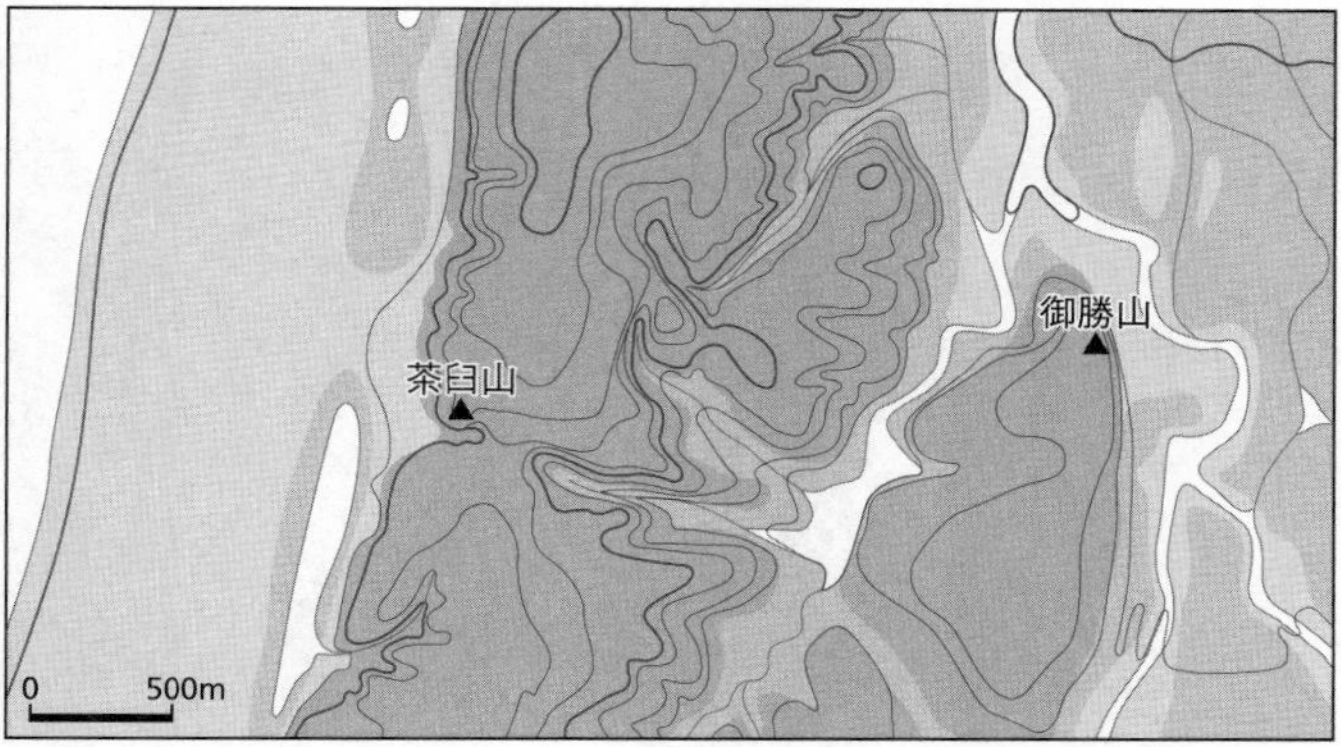

図3　古墳時代の上町台地南部分の復元図(「大阪上町台地周辺の古地形復元の概要」などを参考に作成。図4・5・6も同)

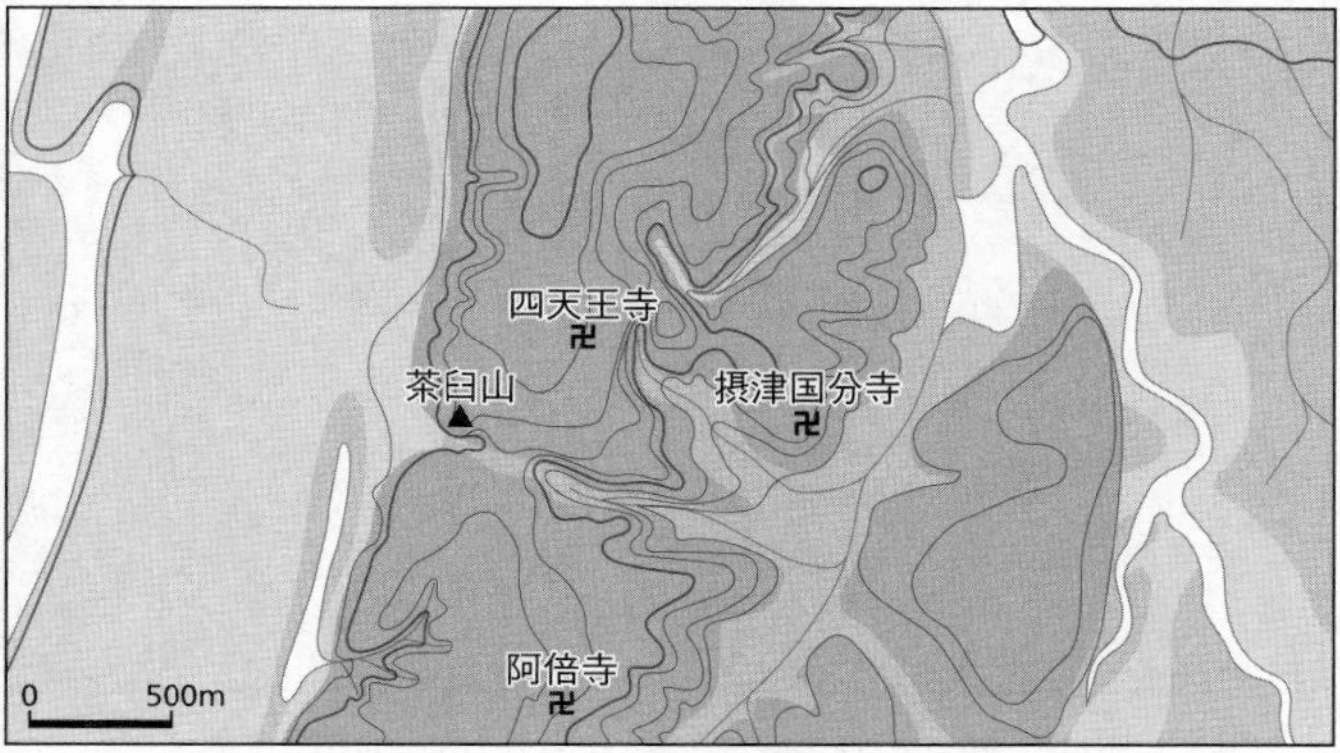

図4　古代前期(飛鳥・奈良時代)の上町台地南部分の復元図

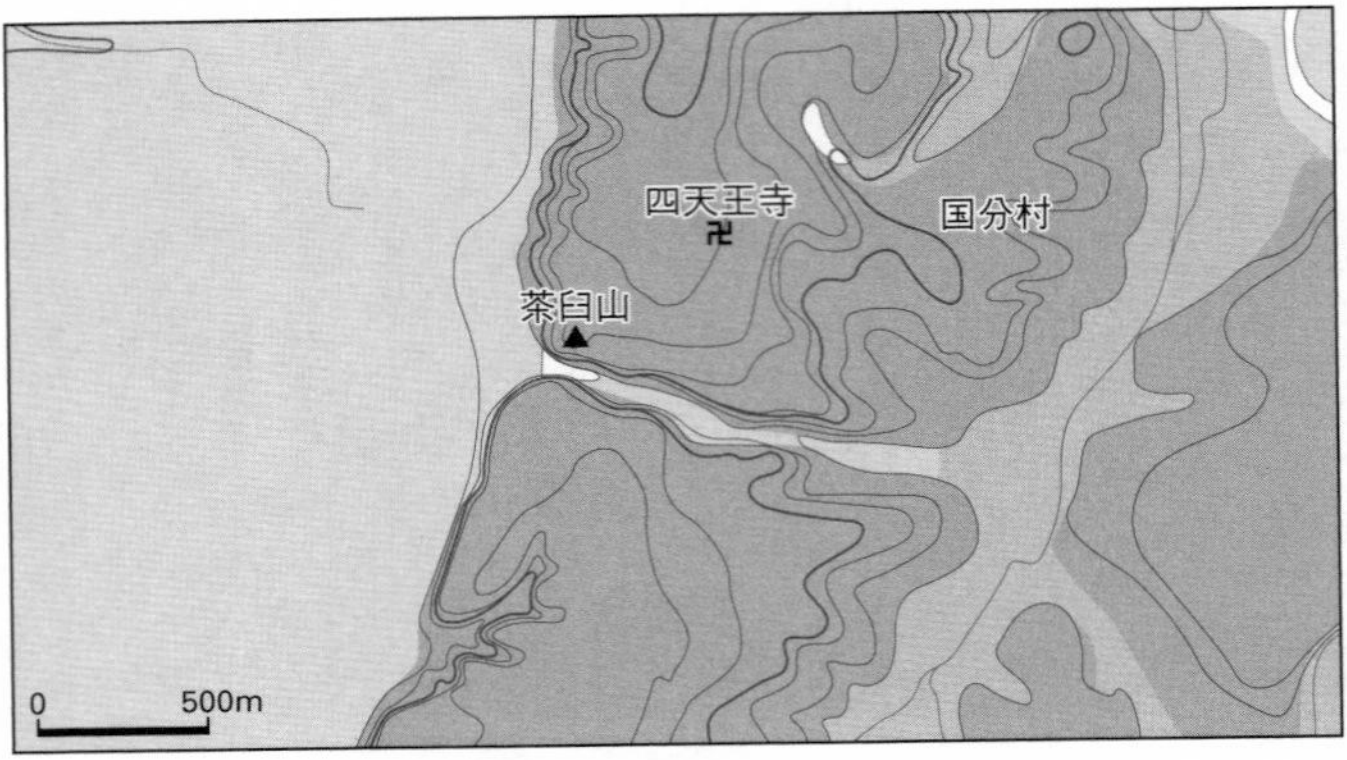

図5　豊臣後期の上町台地南部分の復元図

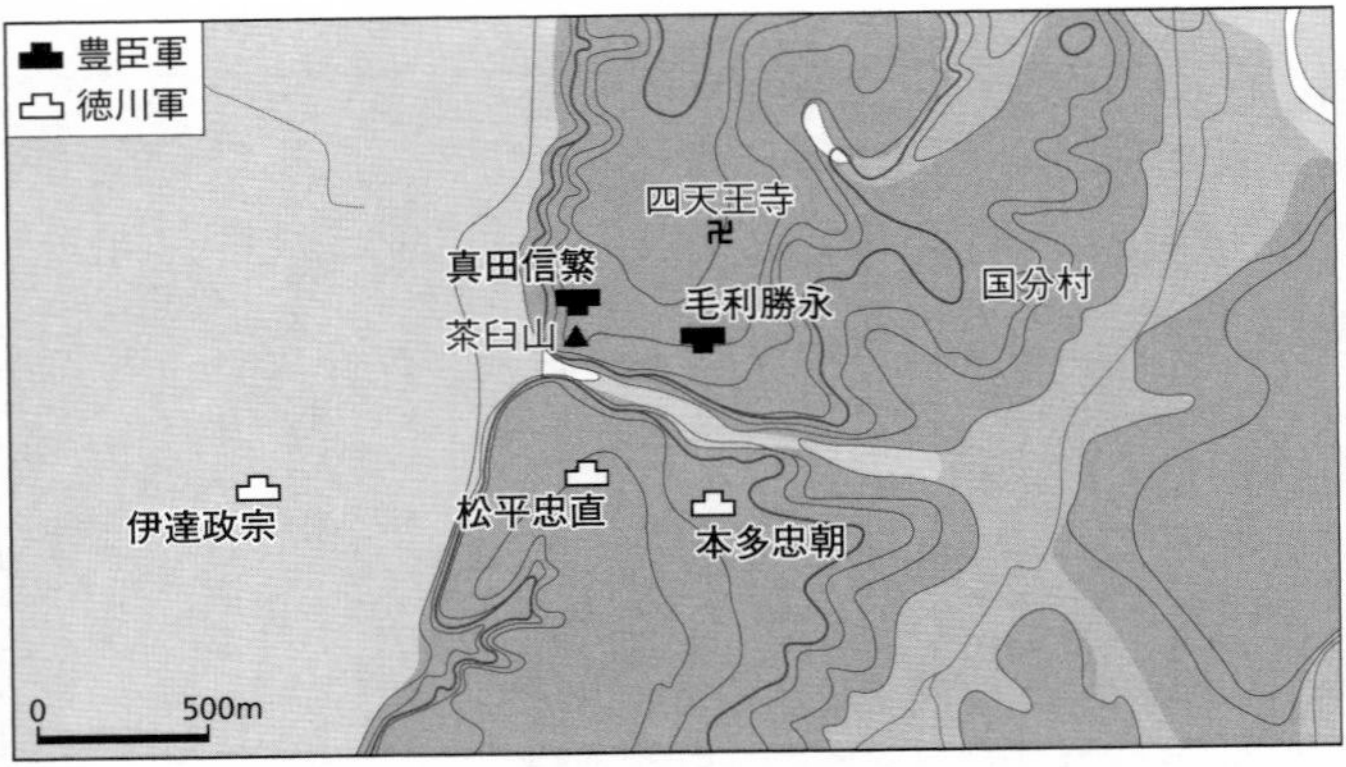

図6　上町台地南部分の復元図に東軍、西軍の主だった部隊を配置

さらに、〔図5〕は豊臣後期の復元図である。大坂城下の街を堺まで拡張する計画さえ立てていた秀吉《ひでよし》からすると、こんな清麻呂が途中で放棄した運河など邪魔だったのだろう。谷を埋め立てたようである。しかし、完全に均《なら》すことはできず、低地帯として残った。

そして、迎えた大坂夏の陣。

八〇〇年前に天才的土木技術者が目をつけた地形を、今度は天才的軍事技術者が見出した。〔図6〕を見ていただきたい。

図5の四天王寺近辺に、西軍、東軍の主だった部隊を配置したものだが、信繁の作戦意図が明白になる。

いかに東軍が大軍でも、台地がもっともくびれる天王寺表では、自然と行列は細く長くなり、戦闘正面は狭くしか取れない。さらに、清麻呂の残した運河跡を堀として利用することができるのだ。

前年の冬の陣では、真田丸の前面に築いた堀に落ちた東軍に、雨あられと射撃を浴びせて、大打撃を与えた。信繁は、その再現をより大きな規模で狙ったのである。

ちなみに、先に紹介した、清麻呂の為した三国川と淀川をつなげる工事によって、難波津は用なしとなり、大坂も一度、歴史の表舞台から消える。ところが、その清麻呂が残したもう一つの工事が、今度は、再び歴史の主役に躍り出た大坂の防壁となるわけだから、歴史というのは面白いものである。

だが、信繁必勝の策は、開戦早々に破綻する。

破綻する信繁の作戦

大坂夏の陣が終わってしばらく、いわゆるほとぼりも冷めた頃だろう。西軍に属していた鵜川宗宥《うかわそうゆう》という侍が、おそらく旅籠《はたご》か茶屋で、同席した客たちが陣の話をしているのに釣り込まれて、自身の体験も語りだした。

宗宥は毛利勝永の先手《さきて》（先鋒）、浅井周防守《すおうのかみ》の手の者だった。彼には、特に印象深い敵がいた。その男は大兵で、兜《かぶと》の立物《たてもの》は黒い鹿角、具足も真っ黒で、道具は槍とも長刀《なぎなた》ともその時は見分けがつかなかった。

敵は手ごわく、宗宥は自身の若党《わかとう》と二人がかりで闘った。やがて敵は覚悟を決めたのか、言葉をかけて距離を詰めてきた。すると、若党は敵の左後ろに回って二、三度槍を払った。その拍子に敵が後ろを振り返る。そこにつけ込んで、宗宥が二度槍を突いた。槍は、相手の胸の上、喉の辺りに突き刺さった。敵はそばの田んぼに転び、宗宥はさらに内ももか尻

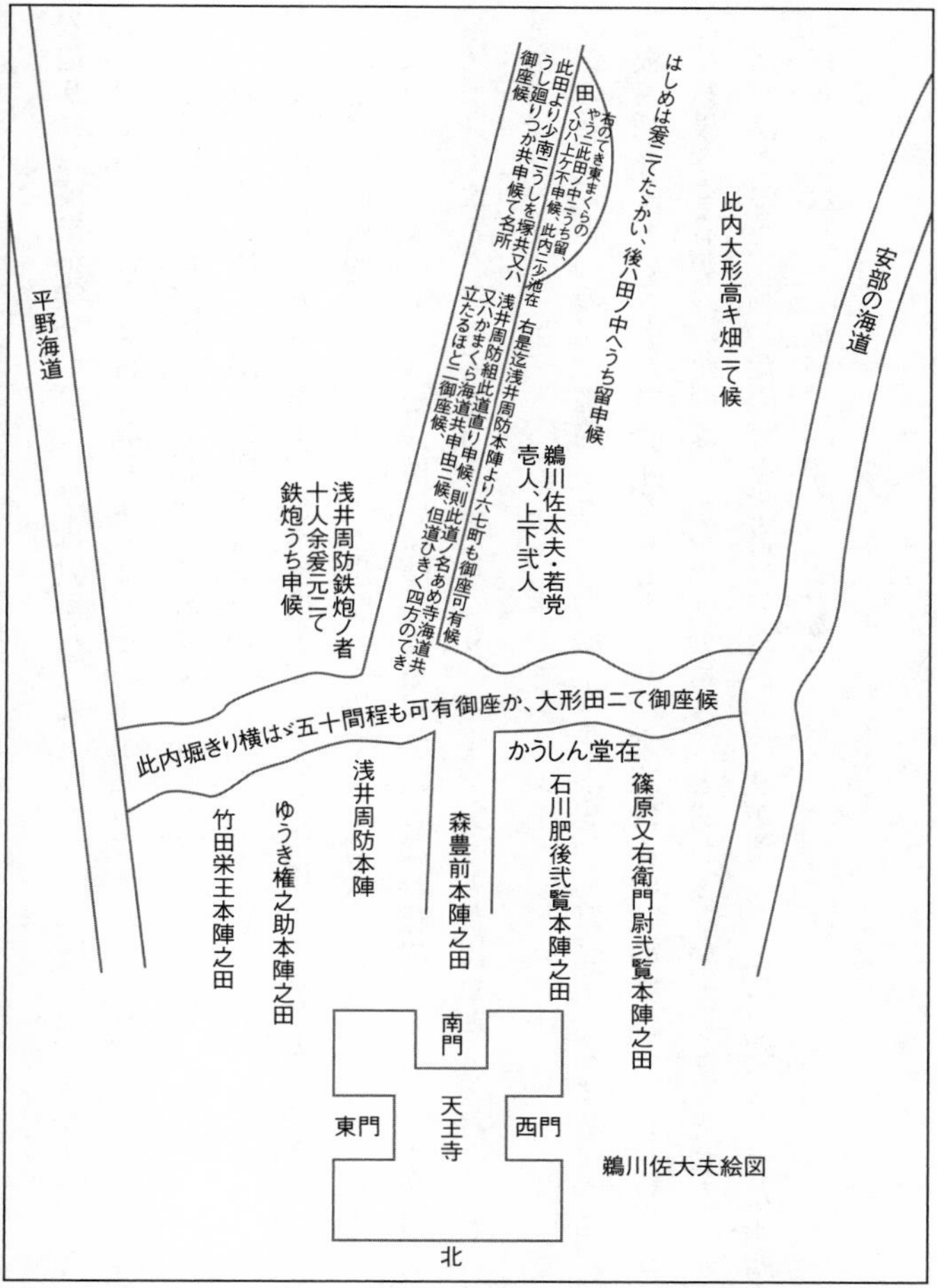

図7　大坂の役天王寺陣場図(『新修 大阪市史 史料編 第五巻 大阪城編』を参考に作成)

の辺りに二度槍を突っかけた。敵は動かなくなったが、そのうちに、大坂方の敗色が濃くなったため、そのまま首は取らないで、その場を立ち去ったという。

話を聞いていた客の一人の目がみるみる丸くなった。

「おぬし、それは本多出雲守《いずものかみ》殿ではないか」

たまたま、その客は、東軍方、本多出雲守（忠朝）に属していた者だった。

忠朝は、徳川四天王の一人、本多忠勝《ただかつ》の次男で、上総大多喜《かずさおおたき》五万石の藩主である。毛利勝永の突撃によって、天王寺南に布陣した東軍勢は軒なみ総崩れとなり、小笠原秀政、忠《ただ》脩《なが》父子等、大名クラスでも討ち死にしたり、重傷を負う者が出たが、先鋒を任されていた忠朝もその一人だった。

この話は、忠朝の兄、姫路十五万石の城主、本多忠政の耳に入ったようである。重臣の長坂茶利九郎《ながさかちゃりくろう》という者が調査することとなり、宗宥はその時の状況を改めて詳《つまび》らかに話した。結果、宗宥が討ったのは、本多忠朝であること紛れもないということになった。

宗宥はこの時、語った内容を覚書にしたが、ありがたいことに忠朝と争った場所も絵図に残してくれた。それが、〔**図7**〕である。

堀を捨てた毛利隊

注目すべきは、天王寺の南に布陣する西軍方の前に堀切が描かれていることだ。位置関係からいって、これが和気清麻呂の運河跡であることは間違いない。幅は五〇間《けん》（約九〇メートル）ほどで、おおかた田んぼであったという。上町台地は高燥な場所であることから、開析谷《かいせきこく》（台地状の地形が川によって浸食され、数多くの谷が刻まれること）の他は田んぼが作りにくいが、運河跡はもともと湿地帯だっただけに、水田にも向いていたのだろう。

しかし、問題はこの堀切の向こう、南側に書かれてある文言である。

「浅井周防鉄炮ノ者十人余爰元《ここもと》ニて鉄炮うち申候」

「はじめは爰ニてたゝかい、後ハ田ノ中へうち留申候」

先に述べたように、信繁の作戦はこの絵図に描かれた堀切、清麻呂の運河跡に敵を誘い込み、射撃をもって大打撃を与えることだった。おあつらえ向きなことに、堀底は水田。泥に足を取られて難渋した敵を狙い撃ちするのは容易《たやす》かったはずである。

ところが、この絵図では、西軍方は堀を後ろにして闘っているのだ。

宗宥が忠朝を討った場所も、天王寺南の浅井周防本陣から六、七町、六五〇メートルから七六〇メートルも離れていると書かれてある。

要するに、毛利隊は折角の天然の堀、清麻呂の運河跡を捨てて、東軍方の真っただ中に飛び込んでしまったのである。

大野治房の手紙を思い返してもらいたい。荒武者の代表のような治房が口を酸っぱくして「飛び出すな」「引き付けろ」「真田・毛利と申し合わせろ」と言っていたのに、その毛利が敵を引き付けもせず、飛び出してしまった。

この様子を茶臼山から見ていた信繁は、軍監《ぐんかん》であり、冬の陣以来の戦友でもある、伊木《いき》遠雄《とおかつ》に、

「事々にみな食い違って、ついになすことなし。これはもはやわが命の終わる秋《とき》である」

(『日本の戦史　大坂の役』)

と嘆いたという。

しかし、毛利勝永は決して凡将ではない。それどころか、この戦いだけの輝きとはいえ、一合戦で二人の大名（本多忠朝、小笠原忠脩）を討ち死にさせ、二人の大名（榊原康勝、小笠原秀政）を後に死に至らしめる重傷を負わせるという、前代未聞の軍功を挙げている。

その彼をして、部下を抑えきれず、さらに信繁の、ひいては西軍全体の作戦構想を狂わ

せる事態が発生するのだ。

戦場の霧

プロイセン王国の将軍クラウゼヴィッツ（一七八〇～一八三一）は、名著『戦争論』のなかで、戦場における不確定要素のことを、〝戦場の霧〟と表現した。地形、天候、敵あるいは味方の状況、戦場では、何もかも流動的に移ろいゆく。予定と現実が一致することはほとんどなく、両者は戦いの間中軋《きし》み続け、煙を上げて激しく摩擦する。

家康はこのあたりの機微をもっともわきまえた軍事指導者だったように思う。

大坂城に籠城した北川宣勝《きたがわのぶかつ》が書いた『北川覚書』に、合戦に臨む覚悟として、家康自身が語ったという言葉が記してある。

「合戦は何ケ度シテモ覚ラル、モノニテハ無シ、只合戦ハきをひ次第ナリ。せつぱに成ラバ、秀頼《ひでより》と組合、上ニ成リタル方ガ勝ツベシ」

最後は、秀頼と一対一の戦士同士として組み合い、上になった方が勝ちだというのである。七三歳にして、なんという闘志であろうか。永禄《えいろく》元年（一五五八）の寺部《てらべ》城攻め以来、家康の軍歴は実に五七年の長きにわたっていた。日本はもちろん、同時代の世界のどこにも彼以上の経験を積んだ武将はいない。

しかし、慶長二〇年（一六一五）五月七日、上町台地に立ち込めた霧は、ことのほか濃かったようである。

家康とはぐれてしまった彦左衛門

大久保忠教《おおくぼただたか》といえば、知っている読者も多いだろう。

講談で有名な大久保彦左衛門《ひこざえもん》その人で、腕はたつが、愚痴が多く、臍《へそ》が幾重にも曲がった、三河者の典型のような男だった。名文家ではないが、筆まめで、不遇の我が身と我が一族に対する鬱屈《うっくつ》を、文章で紙面に叩きつけた。こうしてできた『三河物語』は、大坂の陣で実際に兵を率いた下級指揮官が、合戦の様子を書き記した貴重な史料になっている。

それによると、五月七日の朝、いつものように機嫌悪く、彦左衛門は街道を北に進軍していた。不機嫌な理由は数えきれぬほどたくさんあったが、その一つは、同輩である旗奉行、保坂某、庄田某というものが甲斐《かい》出身の者であったことだ。出身と縁故が、人を評価する基準のすべてである彦左衛門からしたら面白くないわけである。

おまけに、当時の軍制では、槍より旗持の方が格上だった。保坂と庄田も彦左衛門たちを見下《みくだ》すことがあったようだ。

ところが、行軍中、住吉《すみよし》で、その保坂と庄田が騒ぎ出した。

「家康様が住吉のどこにおいでになるのか分からない」

二人はよほど困ったようで、仲の悪い彦左衛門にまで相談を持ち掛けてきた。

しかし、彦左衛門は冷たい。

「お前たちは見込まれて旗を任されたのだろう。こんな時こそ、上様の見る目が間違いないことを証明しなくては」

と、せせら笑う。

しかし、保坂と庄田もしつこくて、何度も何度も助けを求めてくる。彦左衛門も根負けして、

「だったら、あそこの大きな塚にのぼって、馬印を見つけ、その方向に進んだらよかろう」

と知恵をつけてやった。

「なるほど」

二人は勇んで、塚の方に向かったが、すぐ泣きべそで戻って来る。

「塚の上からでも、やっぱり馬印が見つからん」

すると、彦左衛門は、

「だったら、阿倍野《あべの》の原に押し出すまでよ」

それで、彦左衛門の槍隊と、保坂と庄田の旗隊は、天王寺の方へ進むことになったという。

以上は、『三河物語』からの意訳だが、この話、かなり重大なことを示唆《しさ》している。

まず、位置状況から整理しよう。

大坂の陣関係の史料では、「住吉」という単語が、複数の意味で使われていてややこしい。住吉大社を意味していたり、大社周辺のざっくりとした区域を意味していたりするのだが、ここでの住吉は区域の方を指しているものと思われる。

次に彦左衛門がのぼれと言った塚（古墳）だが、住吉大社周辺で大きな古墳といえば、帝塚山《てづかやま》古墳である。現在は立ち入り禁止になっているが、実際にのぼった人の体験談だと、かなり遠くまで見渡すことができるという。

そして、この古墳のそばには、熊野街道が通っており、彦左衛門たちはこの街道を進んでいたはずである。そのため、このエピソードは、帝塚山古墳近くの、熊野街道沿いで起きたことと推測できる。おそらく、万代《ばんだい》池の辺りではないだろうか。

エリート部隊旗持

位置が把握できたところで、彦左衛門が毛嫌いしている、保坂と庄田のお役目、旗奉行について確認しよう。

『戦国の陣形』（乃至政彦著、講談社）によると、長い戦国時代を通じて軍制も淘汰《とうた》が進み、旗、弓、鉄砲、長柄《ながえ》（槍）、騎兵によって構成された「五段隊形」と呼ばれる兵種別編成に収斂《しゅうれん》される。この五段隊形による戦いがどのようなものだったか、秀吉による侵略を受けた李氏《り》朝鮮が記録している。

「旗持が最前列、鳥銃手が二列、槍剣手が三列と三段に構え、その左右に奇兵を配した。戦いがはじまると、最前列の旗持が左右にひらいて、二列目の銃手が発砲し、頃合をみて槍剣手が突撃する。そのあいだ左右にひらいていた旗持軍が両方から、左右の伏兵が敵の背後にまわって包囲する」（『真説 鉄砲伝来』宇田川武久著、平凡社）

鳥銃手は鉄砲隊、槍剣手が槍隊、奇兵は騎兵である。旗持は字のままだが、この部隊が陣形の最前列にいたことが分かる。開戦直後に左右に開いたかと思えば、戦いが佳境になると騎兵と一緒に敵の背後に回って包囲の一翼を担わなくてはいけないわけで、忙しい部隊である。指揮官も目端の利《き》く者でなくてはつとまらないだろう。彦左衛門の槍は、真っすぐ前に突撃すればよいだけなので、保坂と庄田が見下したのも、仕方ないことなのかもしれない。

また、旗持が持つ旗は縦長の幟旗《のぼりばた》で、それ自体重いし風にも吹かれるので、足軽のなかでも屈強のものが選ばれた、背中に差し、先端から延びる紐《ひも》を持って、部隊の進退を定めたという。

つまり、旗持は軍団全体の進行を先導する役目を持つのである。

家康の居場所が分からなくなった際、保坂と庄田が焦っていたのはそのせいだ。

では、なぜ、このエリート部隊の指揮官たちは、家康を見失ってしまったのだろうか？

実は二人の責任ではないのである。

原因は家康にあったのだ。

最後の決戦なのにやらかしまくる権現様

五月七日未明、枚岡《ひらおか》を発った家康は、道明寺の辺りで伊達政宗と出会った。ちょうど前日の合戦の舞台になった場所である。家康は、戦いの様子を政宗に尋ねたという。政宗も己《おのれ》誇りの強い男だから、どう後藤又兵衛《ごとうまたべえ》を討ち取ったか、得意げに語ったことだろう。

家康は政宗の話を機嫌よく聞いていたが、話のしまいに、

「どうだ？　敵は退くようだったか？」

と尋ねた。

「いや、なかなか退くようには見えなかったですよ」

政宗は先日の真田の奮闘を思い浮かべながら答える。

すると、家康の傍らに侍《はべ》っていた本多正純《まさずみ》が冷笑しながら、こう口をはさんだという。

「敵も相手によっては鳥なき島の蝙蝠《こうもり》になるのでしょう。あなたなんかが相手だと特にね」

この逸話は『大坂御陣覚書』に収載されている。

正純からしたら、政宗風情が相手だから、西軍も鳥なき島の蝙蝠になって、歯向かう気色を見せたと言いたいわけである。

「家康自身が戦場に姿をあらわしたら、敵もしっぽを巻いて逃げ出すに決まっている」

それが、正純はじめとする、家康本軍首脳の戦い前の見立てだったことになる。

家康本人もまさかそこまで楽観視していたわけではないだろうが、この後、秀忠から、

「大坂方から大軍が押し出して来ています。はやく来てください」

と使いが来ると、機嫌が悪くなったというので、西軍がいまだ戦意を失っていないのは

意外だったようだ。

『大坂御陣覚書』か『三河物語』か

『大坂御陣覚書』には、さらに興味深いことが書かれてある。

旗奉行の保坂、庄内（庄田?）、槍奉行の大久保平助（彦左衛門）、若林《わかばやし》から使いが来て、「住吉の方に押し出すという話でしたが、もう天王寺口ではや合戦がはじまったようです。弓鉄砲の音が聞こえています。住吉の方に向かうと、敵に背中を見せることになるので、御旗が臆したように見えてしまいます。直《じか》に天王寺の方に向かいましょう」

と言上《ごんじょう》したというのだ。

『三河物語』とまったく異なる記述で、保坂、庄田、彦左衛門がこのような使いを出せたとしたら、「家康がいない」と騒ぐこともなかったはずでおかしい。宇佐美定祐は、戦後五〇年もたってから、残された史料や、参戦した武士たちからのヒヤリングで『大坂御陣覚書』を著した。一方、彦左衛門は大坂の陣の実際の従軍者である。これは『三河物語』の記述の方が正しいのだろう。

ただ、このような進言が誰かから、家康になされたのは本当のことのように思われる。

紀州藩に仕える定祐は、幕府におもねるために、わざわざ主語を面目を失った幕臣たちに書き換えたのだろう。

迷子になったのは誰か？

先述の『三河物語』に描かれた逸話が、保坂と庄田が馬鹿で家康を見失ったという話ではなくなってくるのである。

この日の家康の足取りを再確認すると、多くの史料から、家康と秀忠は午前一〇時くらいに一旦、平野に集結したことが確認できる。

二人は軍議をし、秀忠は岡山口、家康は天王寺口を担当することが決まる。

また、家康は前日に、全軍に対し、それぞれ冬の陣の時の持ち場に向かえと、行軍の方針を示している。先に街道ごとの担当武将について記したが、それは概《おおむ》ね、冬の陣の際の行軍ルートにならっている。家康も当初は、冬の陣の時と同じく、一旦、住吉大社方面に出た後、熊野街道を北上して茶臼山を目指すルートを進もうとしたようである。そのため、陣形の最前列をつとめる旗奉行の庄田と保坂は、先行して住吉に向かうことを命ぜられた。先に御旗が立っていれば、そこが目印になって、後続の部隊も行軍しやすいからで、槍奉行の彦左衛門は、その護衛だったようだ。

ところが、上町台地を目指す道筋はどこも渋滞で、肝心の家康本軍がなかなか進めない。なんといったってそう広くもない台地に十五万もの大軍が押し寄せているのである。『覚書』には、平野で小荷駄《こにだ》隊（兵糧や武器を戦場に運ぶ部隊）と旗本武者が入り交じり、にっちもさっちも行かなくなったというエピソードが書かれている。

『三河物語』に話を戻すと、彦左衛門たちは、指示された通り、住吉大社方面に出て、万代池の辺りにまで出てきた。それなのに、街道はどこも渋滞で、いつまでたっても家康が追いついて来ない。それで、保坂、庄田が「家康様がいない」と騒ぎだしたというのが、話の真実なのである。要は保坂、庄田が迷子になったわけではなく、家康がはぐれたのである。

家康第一の失敗

そして、この大渋滞、そもそも十五万もの大軍なので仕方ない部分もあるが、実は家康が二つへまをやらかしたせいで、さらに混乱に輪をかけたところがある。

第一は、この日の朝、孫の松平忠直を叱責してしまったことである。

六日の八尾・若江の戦いにおいて、木村重成《きむらしげなり》・長宗我部《ちょうそかべ》守親《もりちか》の奮戦により井伊・藤堂隊は大打撃を受けたが、忠直は軍令を守り動かなかった。これが家康の不興を買った。七日早朝、どの持ち場に向かえばよいか訪ねてきた忠直からの使者に対し、家康は「朝寝でもしておけ」と言い放つ。

ショックを受けた忠直は、今度は軍令を完全に無視することにした。宿陣していた四条《しじょう》畷《なわて》から遮二無二西に進んで直接天王寺に向かったのだ。忠直の行軍は相当無茶なことだったらしい。岡山口の先鋒だった前田利常勢などは行列を押し渡られたという。行軍ルートの詳細は不明だが、前田勢は奈良街道から岡山に向かおうとしていたようなので、忠直は奈良街道を横切って上町台地にせり上がり、そのまま台地も胴切りにして茶臼山前に出たらしい。

天王寺へ向かう道には、奈良街道、熊野街道、そして庚申街道の三つがあることは先に説明した。忠直の想定行軍ルートは、この三つの主要路すべてを横切っている。そのため、前田勢の他にも、行列の脇腹を突っ切られたり、目の前を押し渡られたりした大名は多々いただろう。高速道路の渋滞の列に、横合いから強引に車が割り入ろうとしている図を思い浮かべてもらいたい。無論、とんでもない騒動になっただろう。

この後、忠直は茶臼山を確保し、信繁の首もあげるなど、東軍方で第一と言われるほどの功績をあげる。だから、家康の叱責は本当に余計なことであった。

家康第二の失敗

さらに家康はミスを重ねている。開戦間近になって、

「合戦を急いではじめてはならない。尾張《おわり》宰相・駿河《するが》宰相の軍を取り換えるから、その間は、合戦をはじめてはいけない。馬を一、二丁（町）も後ろへ下げ、自身槍を下げてじりじりと寄せるように」

という命令を下したのだ。

尾張宰相は、家康の九男義直《よしなお》、駿河宰相は十男頼宣《よりのぶ》を指す。どちらもまだ一〇代で、無論、実戦経験はない。家康は忠直に対しては辛辣《しんらつ》だったが、年を取ってから生まれたこの二人に対しては甘く、子というより孫のような感情を抱いていた。優しいお爺ちゃんは、可愛い孫たちに戦いのなんたるかを見せてやりたかったようだ。

この私情丸出しな命令は、接敵直前の前線指揮官にも不評だった。

歴戦の猛将、水野勝成などは、

「もう巳《み》の刻（午前一〇時）を過ぎています。日も高くなってきました。はやく合戦をはじめないと、なかなか手間がいります。朝方は手薄だった茶臼山も、どんどん分厚くなってきてるんです」

そう警鐘を鳴らしている。

また、当然、部隊交換は、渋滞に拍車をかけただろう。

結果、家康本軍の行進は遅々として進まなかった。

にもかかわらず、台地上には散発的な銃声が響き、前線から「はやく来てください」の催促はひっきりなしである。

ついに家康はキレ、方向転換するのだが、その場所はどこだったのだろうか？

何者かが家康になした進言を思い出してもらいたい。

「住吉の方に向かうと、敵に背中を見せることになるので、御旗が臆したように見えてしまいます」

家康は平野から八尾街道を経由して、住吉に向かおうとしたはずである。すると、針中《はりなか》野《の》辺りで道は南に折れる、天王寺と逆方向になり、「敵に背中」を見せることになるわけだ。そして、同時に針中野からは、庚申街道、天王寺南門の参道につながる道が伸びていた。そのため、家康への進言は針中野でなされた可能性が高い。

この岐路にあって、家康は戦場に最短距離で向かうことを決断する。

家康は庚申街道を驀進《ばくしん》し、台地上にせり上がると、阿倍野原にきらきらしい金扇の馬印を戦場に打ち立てた。

毛利勝永が奮戦した場所とは？

読者諸氏も一体いつになったら走るんやと思っておられるだろうが、もう少しお付き合い願いたい。信繁が家康を急襲した場所は、こうやって順を追って説明していかないと、辿り着けないのだ。

さて、視点を東軍側から西軍側に移し、なぜ勝永が部下の暴走を抑えきれなかったのか、この問いの核心に迫っていこう。

時間も少し戻して、七日の夜明け前、毛利勝永に属する鉄砲大将、松岡彦兵衛《まつおかひこべえ》と雨森三右衛門《あめのもりさんえもん》が、敵が攻め寄せる場所を見ておこうと、天王寺から阿倍野原一帯を見回っていた。

すると、井溝《せいこう》、切戸《きりど》、溜水《たまりみず》に引き裂き紙を先端に付けた竹竿が差さっているのをいくつも見つけたという。これは家康の命令で、東軍方の斥候《せっこう》（敵軍の動静や地形をひそかに探るために派遣する兵士）が進軍路の善し悪しを味方に知らせるために立てたものだった。

さらに、夜が明けはじめた頃、松岡たちは衝撃的な光景を目撃する。こちらは、数ある軍記もののなかでも出色の名文なので、『大坂御陣覚書』の記述をそのまま引用しよう。

朝きりの晴間より能々《よくよく》見れバ、村々（の森林）と見へたるハ皆旗指物長柄也、一村と見へたるハ皆一備へ也、日の出るに随て、長柄など（夜霧のおきたる）に朝日うつりてきらめき渡り、東は矢尾（八尾）・若江、南は平野・堺へ懸り、三里か間、寄手の軍勢一面に押来る。

驚愕《きょうがく》した松岡たちは慌てて天王寺へ戻り、事態を毛利勝永、真田信繁に報告したという。実は西軍首脳は、冬の陣の経験から、今回も東軍方は日時を重ねて、慎重に寄せてくるものと思っていた。それがいきなりの総攻めなので、勝永も信繁も驚いたのである。彼らは急いで足軽を出し、備えをつくったという。

家康も見込み違いや指示ミスをしているが、西軍側にもそれが多々あったことが分かる。西軍側がこの日、夜明けから、異常な恐怖と緊張に苛《さいな》まれていたというのはおさえておきたいポイントだ。

忠朝の暴走と勝永の覚悟

さらに、越前松平忠直隊の暴走もある。

忠直率いる越前勢、一万三四〇〇は天王寺表に布陣する西軍の目の前で、台地を東から西に横切った。先に述べた事情のため、彼らは彼らで必死なのだが、この行為は西軍方に、さも挑発しているかのように見えたに違いない。

また、この日、本来の東軍先鋒である、本多忠朝も異常な戦意を燃やしていた。

忠朝は毛利勝永の布陣する天王寺正面に布陣していたが、彼もまた、忠直と同じく、家康から不興を買っており、今日の戦いは名誉挽回の最後のチャンスだった。忠朝は冬の陣の際、前面に深い川があることを理由に、持ち場の変更を家康に申し入れて、「故中務《なかつかさ》(忠朝の亡父本多忠勝)は、戦場の良し悪しに構わなかったのに、親に似合わぬ愚か者よ」と罵倒されていたのだ。

彼が茶臼山前に布陣した忠直とともに、激しく西軍側に挑戦したことも、勝永が自軍を統御することを難しくした。

そして、決定的だったのは、家康が熊野街道ではなく、庚申街道を使って台地東麓から阿倍野原に駆け上がったことである。

この時、当然勝永の目にも家康の馬印は見えただろう。

西軍が立てた作戦を思い出してもらいたい。和気清麻呂の運河跡を防衛線にして、混戦状態に持ち込み、その間に、明石全登の決死隊を長駆迂回《うかい》、奇襲をかけて家康の首をあげるというものだった。

しかし、この作戦は、家康が冬の陣と同じ、台地西側の熊野街道を通ることを前提としていた。熊野街道だったら、台地西側のいずれかの坂道をのぼればすぐに辿り着ける。だが、意に反して、家康は東側から台地にのぼってしまった。船場に陣する明石からは遠くなってしまったわけである。

明石の決死隊が家康を討つのは難しくなった。

ならば、自身が正面の本多忠朝勢をはじめとする東軍を蹴散らし、家康本陣になだれ込むしかない。

それが、勝永の思いだったに違いない。

無名武将、歴史に名を刻む

毛利勝永は、友軍の信繁に開戦を告げると、手下の軍勢に突撃を命じた。幸いというか、本多忠朝、松平忠直勢の度重なる挑発のため、兵たちの士気は頂点に達している。怒濤《どとう》の勢いで、和気清麻呂の運河跡を越えると、向こう側の台地に駆け上がった。

この時まで、勝永がどのような男であるか、誰も知らなかった。勝永自身知らなかっただろう。

しかし、三八になるまで、さほどの話もなかった男が、空前絶後の軍功を打ち立てる。東軍先鋒の本多忠朝隊はあっという間に崩れ、先述の通り忠朝も討ち死に、死骸は道脇の田に打ち捨てられた。小笠原勢も忠脩が「鑓《やり》三十本ばかり、串を貫きたるがごとし」という壮烈な最期を遂げ、その父秀政も重傷を負って後に落命。「二百五十騎の中で生きて帰るもの少なし」とほぼ壊滅に近い打撃を受けた。信繁の甥、信吉・信政《のぶまさ》兄弟に率いられた真田勢も蹴散らされる。

他にも、榊原康勝、酒井家次《さかいいえつぐ》、本多忠純《ただずみ》、浅野長重《ながしげ》、安藤直次《なおつぐ》、諏訪忠恒《すわただつね》等、幕府次代のエースを次々に撃破。ついにはその旗が視認できるまでに、家康本陣に肉薄する。勝永は勢いのまま切り込んだとも、家康が引き退《の》いたので見失ったともいう。

戦場は天王寺駅

さて、この勝永の大奮闘だが、どこで行われたものだろうか？

先に紹介した鵜川の逸話だと、本多忠朝は天王寺から六、七町（約六五〇～七六〇メートル）南で討ち取られている。これを現代の地図に重ねると、大体、ＪＲ天王寺駅から近鉄大阪阿倍野橋駅にかけてということになる。

その余りは当然、先鋒である忠朝の後ろにいたはずである。

となると、勝永はＪＲ天王寺駅から南の、阿倍野区一帯で暴れまわっていたことになる。庚申街道沿いに忠朝たちは布陣していたはずなので、狭く見積もるとＪＲ天王寺駅から阿倍野区役所にかけて、広く見積もった場合でも同じくＪＲ天王寺駅から桃《もも》ヶ池《いけ》にかけてのエリアと思われる。

では、信繁はこの時どこにいたのだろうか？

小説や、歴史系読み物でよく見るのが、勝永の突出後ほどなく、信繁も手勢を集めて突撃、勝永の攻撃によって丸裸になった家康本陣に切り込んだというストーリーだ。

だとしたら、信繁も和気清麻呂の運河跡を越え、南の阿倍野原で戦ったということになる。

だが、私はこのストーリーに疑問があるのだ。

家康はどこだ?

再び『三河物語』を読み解いていく。

万代池辺りで「家康様はどこ?」と大騒ぎした後、旗奉行の保坂、庄田と、槍奉行の彦左衛門は、ともかくも天王寺に向かって進むことにした。

ただ、保坂と庄田は敵のいる前線に向かうことを躊躇したようだ。それで、彦左衛門は、

「御旗をふらふらさせるな。茶臼山を左にして押し進められよ」

と注意した。保坂も、

「むちゃなことを言う。茶臼山には敵がいるではないか」

と抗弁したが、

「無茶はあなただ。茶臼山に敵がいないなどと誰が言った。家康様の御旗はそんな風にひらひらと敵にひるんだことはない。ひたすら茶臼山を左手に押し進まれよ」

ビルの林立する現代では無理だが、当時、熊野街道を北に向かって進むと、ちょうど左手に茶臼山が見えた。そのため、彦左衛門の言は、熊野街道を真っすぐ北に進めと取れる。

しかし、保坂と庄田は返事せず、東の方へ進んだ。

彦左衛門は再度注意したが保坂たちは聞かず、そうこうするうちに、茶臼山の東でようやく家康を見つけたという。

この辺り、彦左衛門の文章力がいまいちなので、詳細がよく分からない。熊野街道を東にそれ、上町台地を北東にふらふらと進んでいるうちに、茶臼山の東で家康を見つけたということだろうか。

家康本陣が崩れた場所

そして、さらに『三河物語』を読み進めると、問題の家康本陣が崩れるシーンが出てくる。

以下がそのシーン、著者による意訳である。

「天王寺の南で、味方が突然崩れて逃げてきた。そちらへお旗を立てたが、二人のお旗奉行は一人もいなかった。家康様は途中から天王寺の方に引き返してきて、道のわきに馬をひかえさせていた。家康様のおそばには、小栗忠左衛門尉《おぐりちゅうざえもんのじょう》（久次《ひさつぐ》）の他は一人もおらず、散り散りになっていた。逃げたのか、また先にでて戦ったのか、いずれにせよおそばにいなかった」

天王寺の南というワードが出てきた。しかし、これでは漠然としすぎている。もう少しページをめくってみる。

すると、家康が、夏の陣の際の失態を詮議する場面で、以下のように彦左衛門は証言している。

「天王寺の土塁の方からまっすぐな道がございました。その道から逃げだす者が、茶臼山から岡山の方へ行く本道にでて、本道を逃げてきた者とひとつになって逃げてきました」

天王寺から、その南にいるはずの彦左衛門に向かって真っすぐ伸びる道といえば、庚申街道である。

では、茶臼山から岡山の方へ行く本道とは何か？

これは奈良街道と思われる。

正確には奈良街道は岡山、現在の御勝山《おかちやま》古墳とは直接接していないのだが、寺田町公園辺りで分岐する俊徳《しゅんとく》街道（十三《じゅうさん》街道）はつながっている。彦左衛門の目には、茶臼山と岡山をつなぐ一筋の道があるように見えたのだろう。

となると、彦左衛門が目撃したのは、天王寺南門から南に延びる庚申街道を逃げ出す者と、茶臼山から東に延びる奈良（俊徳）街道を東へ逃げ出す者が、二つの道の交差路で合流し、一緒に東へと逃げ出す絵だったということになる。

では、庚申街道と奈良街道が交わる位置はどこかというと、なんとちょうど和気清麻呂の運河跡が低くなりはじめる辺りなのである。

さらに、『大坂御陣覚書』では、より具体的な場所が書かれている。

「大御所様先手軍始り候と注進ニ付御急候所、早味方御勝故、茶臼山へ向て徐々御押候処、庚申堂辺ニ而空崩れし御先崩れ候得共、大御所様少も御馬を不被動候付、皆々立直し茶臼山へ御上り候」

この後、『覚書』の作者、宇佐美定祐は、この「空崩れ」は敵の残した掛け硯《かけすずり》（文書を入れた硯箱）を巡って味方同士が鉄砲を撃ち合い、それを敵襲と誤認した者が慌てて自分の槍を取りに戻ろうとするなどして騒ぎが大きくなっただけだと解説している。さらに、騒動のなかでも、家康様はさすが神君、お馬を少しも動かず、冷静だったとも。

怪しい。

定祐は軍記を書くために、史料考証も、生き証人へのヒヤリングもそれなりにやっている。だが、先述の通り、幕府へのおもねりのため、筆を曲げるようなところがある。

一方、彦左衛門は文章は上手《うま》くない。賢くもない。同輩には妬《ねた》み深く、視野が狭い。しかし、気に入らなければ主君相手にも直言する硬骨さを持ち、率直で、嘘《うそ》はつかない、つけない。

信頼できるのは彦左衛門の方である。

そして、その彦左衛門は、具体的に真田の名を出すわけでも、なぜ崩れたかその理由をはっきり記述しているわけではないが、何が起きたか真実をほのめかしている。

定祐が単に槍を取りに戻ったと書いている部分は、彦左衛門の証言だとより深刻なことが起きていた。

「相当の知行を持っている人たちが逃げてきました。そこにあった槍を踏み散らかし、馬の上から引ったくって、切ったり折ったりして持っていったのです。それを見て、槍持でも、同じことをするものがいました」

これには解説がいるだろう。

長柄の槍

西股総生《にしまたふさお》氏の『戦国の軍隊』（学研パブリッシング）によれば、戦国時代、槍と一口に言っても実は二種類あった。一つは相当の知行を持つもの、つまり武士が扱うもので、こちらは持ち槍という。比較的短く、馬上でも容易に振り回すことができる。賤ヶ岳《しずがたけ》の七本槍《しちほんやり》で、加藤清正《かとうきよまさ》や福島正則《ふくしままさのり》が持っていた槍がこれだ。持ち槍を得物《えもの》（武器）に、下馬した侍衆は、戦場の缶切り役として、白兵戦の真っ先を駆ける役割を担っていたという。

一方、彦左衛門が率いていた槍足軽が持つ槍は、長柄という。こちらは名前の通り、長く、二間半〜三間ある。一間を一・八メートルで換算すると、三間で五・四メートルということになる。当然、振り回せないが、練度や士気の低い雑兵でもスクラムを組み、いわゆる槍衾《やりぶすま》をつくれば、屈強の武士も近づけなくなる。騎兵の突撃など恰好のカモで、百舌鳥《もず》の早贄《はやにえ》になるばかりである。

以上を踏まえると、彦左衛門の見た事態の意味が分かる。

相当の知行を持っている人たちは一旦は勝ちに乗じて追撃するため、槍を捨て馬上の人になったのだろう。しかし、思わぬ反撃を受けた。それで慌てて退却し、自身の本来あるべき姿、つまり短い持ち槍を持った重装歩兵になるため、長柄を折ったり切ったりしたのだ。

槍持たち、雑兵も、陣形が組めぬほど混乱していたに違いない。スクラムがつくれない

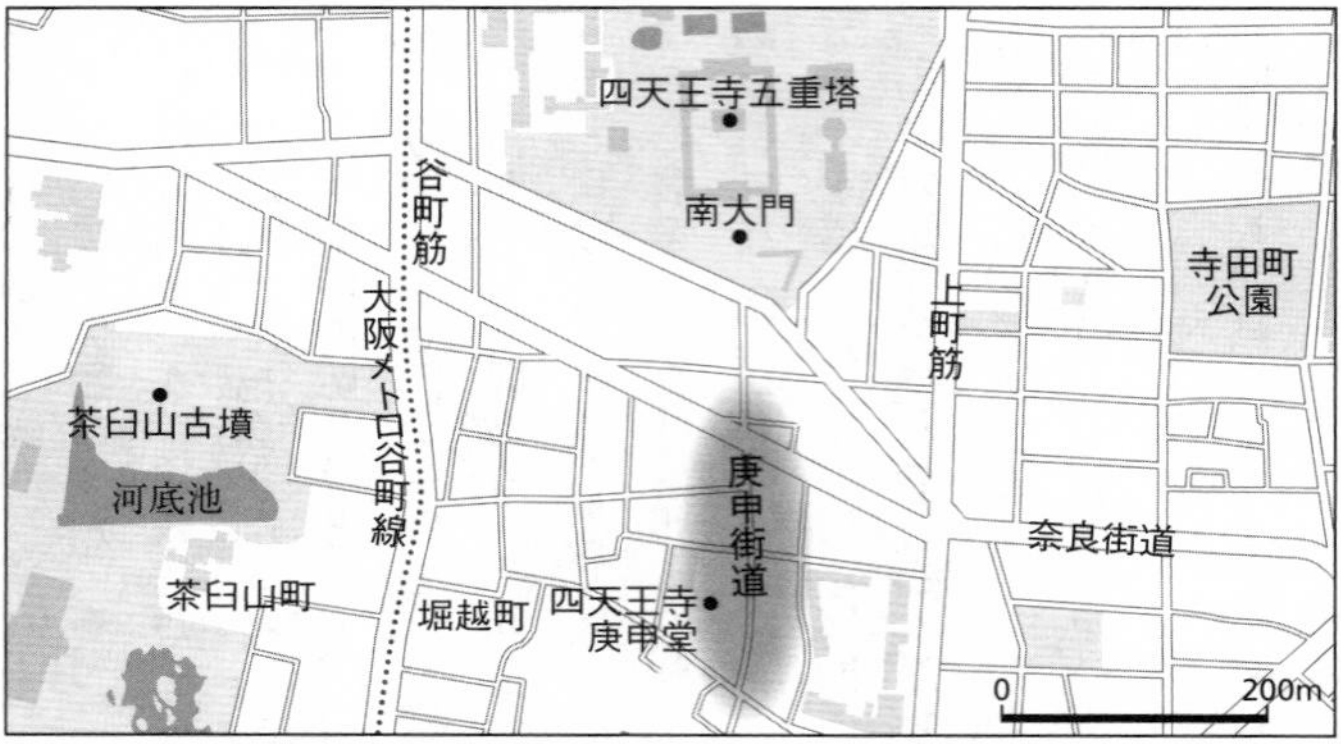

図8　真田信繁による家康本陣襲撃想定エリア

のなら、長柄など無用の長物である。たとえ、戦技に劣ったとしても、持ち槍を手に個人で闘うほかない。それで、彼らも侍がやることを真似たのであろう。

こうした恐慌を引き起こした原因は、断じて定祐が書いたような味方同士の空騒ぎなどではない。

真田信繁。

彼こそが、彦左衛門が目撃し証言した、この無様な崩れを引き起こしたのである。

そして、その場所は、彦左衛門が証言する庚申街道と奈良（俊徳）街道が交差する辺りから『大坂御陣覚書』が記した庚申堂にかけての一帯と考えられる。つまり、和気清麻呂の運河跡のど真ん中！　なのだ。

異論がある方もたくさんおられるだろう。

毛利勝永が本多忠朝らと戦ったと想定される場所とずれており、あまりに自陣寄りだ。当然、勝永が前衛を切り崩した後、茶臼山から信繁が出撃、家康本陣に長駆突撃というよく知られているストーリーも崩れてくる。

正直、本章を書く前は、私も、先のストーリーを前提に、「JR天王寺駅の南から、阿倍野区役所までのどこか」と思っていた。

しかし、よく引用される彦左衛門の次の言葉、

「三方《みかた》ヶ原《はら》にて一度御旗の崩れ申すより外、あとさきの陣にも、御旗の崩れ申す事なし」

これが信繁の突撃によって起きたことで、確かに現場にいた彦左衛門の言葉を信じるなら、そう考えるほかないのである。

戦国ラン　第一走！

さあ、もはや机上での分析も無粋。

スニーカーを履いて、走り出そう。実地を足で感じたら、真実の一端に近づくことができるかもしれない。

スタートはもちろん茶臼山から。

時は令和二年、八月上旬。天気はピーカン晴れだった。

茶臼山の頂《いただき》には母子連れがいて、母親が、信繁がいかに強く、豊臣家への忠節に厚い武将だったかを熱心に語っていた。男の子は少し迷惑そうで、首筋の蚊に刺された跡をかいていた。気象庁の記録だと、この日、大阪の最高気温は三三・一度。天から溶けた糖蜜が降ってくるようで、とにかく暑かった。

茶臼山から南、信繁が見たであろう光景を見渡したが、木と林立するビルに邪魔されてさほど見通しはよくなかった。だが、大坂の陣の頃なら、茶臼山はこの辺りでもっとも高い場所だったはずで、信繁の目には相争う東軍・西軍の様子がよく見えただろう。

この時、私の脳裏に湧いたストーリーはこんな感じだ。

松平忠直隊の猛攻によって、そろそろ茶臼山が持たなくなった頃、信繁は精鋭の武士団を茶臼山の後ろに伏せた。同時に、狼煙《のろし》か伝令か、なんらかの方法で、毛利勝永に茶臼山が陥落間近なことを告げる。

勝永は真田隊の壊滅を見て退却をはじめたとよく言われるが、実際に見たのは茶臼山が陥落していく姿の方だろう。これは大坂城への退路を断たれることを意味する。東軍相手に優勢に戦いを進めていた勝永は歯嚙《が》みしながら退却するほかなかった。

茶臼山古墳と河底池

一方、過剰な圧力から急に解放された東軍は、勝ちに乗じ、それとばかりに後を追う。この時、家康麾下の部隊も、多くが軍令に背いて持ち場を離れたようである。『三河物語』によれば、彦左衛門は、保坂や庄田ら旗奉行たちを見失っている。

そして、家康自身もまたミスをした。不用意に清麻呂の運河跡に入り、その跡に沿って茶臼山に向かってしまったのだ。

信繁は道明寺合戦の際、後藤又兵衛を見殺しにしたほど、運河跡で敵を迎え撃つ作戦案にこだわっていた。その目に、金扇の馬印が、罠《わな》にかかったのが見えた時、全身の血が沸騰するような興奮を覚えたことだろう。

家康はどこまで逃げたのか

突撃。

軽く体操した後、私も走り出す。

茶臼山から東に出て、堀越《ほりこし》神社脇の駐車場を過ぎる。

熊野街道、現代の谷町《たにまち》筋を横切り、コンビニの横から運河跡に入る。なるほど急な坂道である。ビル群の間を縫うようにして走る。

そして、夕陽丘《ゆうひがおか》予備校を過ぎ、庚申堂に差し掛かった。

堀越神社辺りからここまでで、標高差が約一〇メートルある。

登り坂を進む家康本軍と、下り坂を駆け下る真田軍。しかも、前者はもう勝ち戦とすっかり油断しているのに対し、後者は退路を断たれた決死の軍である。勢いにはおのずと差が出、家康本軍は総崩れとなった。まともにぶつかった部隊はもちろんだが、運河跡に真田の赤備《あかぞなえ》が躑躅《つつじ》のごとく充満するのを見て、「すわ退路を断たれる」と天王寺の方に抜け駆けしていた部隊も、慌てて退却する。

庚申堂をそのまま左手に過ぎる。

信繁も勢いを殺さず、さらに堀底を東へと突き進み、家康を探し求めただろう。

彦左衛門は詳細を描いていないが、家康はこの時、逃げたらしい。

先に引用した部分から、さらに抜粋すると、

「天王寺の南で、味方が突然崩れて逃げてきた。……家康様はとちゅうから天王寺の方に引きかえしてきて……」

逃げたことを書かず、引き返したことのみに少し触れることで、彦左衛門は実態がどのようなものであったかをほのめかしているわけである。また、戦後の詮議で、彦左衛門と家康は、家康自身が逃げたか、逃げていないかで口論にもなっている。

残念ながらどこに逃げたかまでは分からない。

言い伝えでは、住吉区のあびこ観音に駆け込んだとも、堺の南宗《なんしゅう》寺に逃れ、手傷でそのまま亡くなったともいう。もちろん、両方遠すぎる。噂《うわさ》や風説が伝説化したものだろう。ひょっとしたら、四天王寺の厨《くりや》に駆け込んだか、庚申堂のお堂に隠れたかしたのかもしれない。そして、ほとぼりが冷めた頃戻ってきて、何もなかった風に、しれっと澄ましていたのだろう。

彦左衛門がどんな目でその様子を見ていたか、なんとなく温度が分かるようである。

いずれにせよ、恥も外聞もなく家康が逃げたため、信繁決死の突撃も空振りに終わるこ

とになった。

どこで信繁が追撃を止めたかまでは分からないので、そのまま運河跡の東端であるＪＲ寺田町駅まで走る。

ずっと緩やかな下り坂。東の河内《かわち》から水を引いて、西の大阪湾に落とそうと思ったら、逆でないとおかしいのだが、もともとの地勢がそうだったのかもしれず、この辺りが、清麻呂の工事が失敗した原因なのだろう。

だが、家康本陣を東から襲った信繁には、これほど好都合な立地はない。走っていても楽だし、後で、試みに自転車で下ってみたら、ほとんどペダルをこがずに麓《ふもと》まで行け、歓声をあげたくなるようなスピードも出た。信繁も徳川本軍を追い散らしながら、歓声をあげたくなったに違いない。

谷の清水

庚申堂を過ぎてすぐ、谷の清水という小さなお堂があった。

可愛らしいお堂に小さなお地蔵様がまつってあり、その傍らに滾々《こんこん》と湧く井戸がある。猛暑で乾いたノドにはたまらない御馳走で、少し唇を湿らせた。

『大阪「高低差」地形散歩』（新之介著、洋泉社）によると、四天王寺周辺は緑地帯が多く、上町台地自体が涵養《かんよう》地域となり、良質な地下水を育んでいた。そのため、かつては数々の名水と呼ばれる井戸があったのだが、今はその多くが存在しないか枯渇してしまった。大地のアスファルト化で雨が台地にしみ込まなくなったうえ、度重なる地下工事で「水みち」も破壊されたせいである。

この谷の清水も、ポンプでくみ上げているのだという。

少し残念だが、それでも、唇に触れた水は、なるほどかつて『摂津名所図会大成《せっつめいしょずえたいせい》』に書かれた通り、「清泉にして甘味なり」だった。

谷の清水を過ぎると、門前町の抹香臭さは急に薄くなり、変わってインバウンドを当て込んだのか、観光客向けのホテルが目立ってくる。本来、海外の観光客でにぎわっている場所なのだろうが、コロナ禍により、ひっそりとしていた。

寺田町駅までは、よく見る大阪の下町の景色だ。

それを眺めながら走っていると、様々な想念が湧いてきたので、以下、とりとめもなく書き記しておく。

真田信繁という人物

漫画やゲームでは、信繁は鬼謀百出の天才軍師という書かれ方をすることが多いが、どうもそうではなかったんじゃなかろうか。

信繁の戦歴を振り返ってみると、第二次上田合戦にしろ、大坂冬の陣にしろ、道明寺合戦にしろ、皆、攻めてきた敵を受けて立つパターンだったことに気づく。そして、戦術は皆、敵を引き付けてからのカウンターである。要するに信繁は、ピッチャーでいったら、球種をいくつも持つ技巧派ではなく、決め球は一つだけの速球派タイプだったのだ。無論、それで何度も敵に大打撃を与えてきたわけだから、十分、凄いことではあるのだが。いずれにせよ、彼の戦術上の癖は、最終決戦でも、頑固に変わることはなかったということになる。

また、信繁は、毛利勝永のことは嫌いではないか、もしくは気に入っていたような気がする。

『大坂御陣覚書』では、勝永の突撃後、松平忠直隊と信繁隊が開戦するのだが、そこに「真田左衛門か備たる庚申堂・茶臼山」と書かれてある。庚申堂は四天王寺南門の南にあるので、本来、勝永が担当するべき場所だ。最初、書き損じかと思ったが、作者の定祐は幕府の名誉に関わる部分については筆を曲げるところがあるが、それ以外の部分についてては誠実な書き手である。

熊野街道沿い、茶臼山の斜め前に布陣していた忠直隊だが、勝永の突撃後、もし誰か敏《さと》い指揮官がいて、いっそ四天王寺の方を攻めてしまおうと思ったらどうなっただろうか？

退路を断たれた勝永はたちどころに全滅していただろう。

それで、慌てて信繁はなけなしの手勢を割いて、庚申堂に派遣し、勝永の背中を守ってあげたのではと思うのである。越前勢の左先手だった本多富正《とみまさ》の家伝には、信繁が備えの立替えを行った結果、真田勢に混乱が生じたとも記されている（『大坂の陣と越前勢』福井市立郷土歴史博物館）。

この時、信繁四九歳、一方の勝永は三七歳、年の差は十二歳である。信繁からすれば、自身の作戦を破綻させた暴走は腹立たしかったろうが、とかく衝突しがちな大坂方にあって、人柄が優しく温厚で、融和に努めていた勝永に対しては、親しみを抱いていたのかもしれない。

だとすると、庚申堂にわざわざ手勢を送ったのも、勝永の退却後に家康本陣に突撃したのも、勝永の退路を確保し、彼に満足のゆく最期を遂げさせるための思いやり、友情だったということになる。

信繁を追って、上り坂へ

さて、寺田町辺りまで来ると、岡山口の東軍が近くなる。井伊直孝、藤堂高虎もこちらにいた。二人は、譜代、外様、それぞれで、家康の信頼がもっとも厚い武将だった。率いる部隊も最強クラスで、本来なら、彼らこそが、天王寺口の先鋒を担うべきだったのが、前日の若江・八尾の戦いで大打撃を受けたため、助攻であるこちらに回されたのだった。

武将として新進気鋭の直孝と並んで戦国の生き字引である高虎は、天王寺口の異変に気づいたようだ。

直孝隊に属した岡本半助《おかもとはんすけ》（宣就《のぶなり》）の書状によると、直孝隊は信繁隊に横槍を入れ、城ぎわまで押し込んだという。だが、信繁隊も反撃してきて、高虎隊他、東軍方はおびただしく崩れる。しかし、直孝が馬印を押し立てると、立ち直って押し返し、ついには町まで押し入って火をかけ、一息に揉《も》み崩した。（『大阪市史　史料編　第五巻　大阪城編』「田中文書」）

大坂城の防衛施設は、本丸以外すべて冬の陣の和議で破壊されたので、ここでいう城とは四天王寺の築地《ついじ》や、西軍側が天王寺表に設けた柵などを指すのだろう。大坂の城下町は秀吉の構想では堺まで広げるつもりだったが、結局、四天王寺どまりになっている。つまり東軍はついに西軍側の虎の子の防衛線、清麻呂の運河跡を突破し、大坂市街に乗り込んだのだ。

私も寺田町駅からUターンする。

今度は登り坂になるから、なかなかきつい。

もうこの辺りになると、精強を誇った真田隊も散り散りになり、信繁もわずかな供廻りを連れるだけになっていただろう。坂の先、茶臼山の上に、越前勢の旗が翻っているのも見えたはずである。

信繁、終焉の地へ

再び、コンビニ脇から谷町筋に出た。

後は信繁終焉《しゅうえん》の地まで走るだけだが、二つの説がある。

一つめの説は、安居神社（安居天神）である。

ここで信繁は疲れ切った体を休めていたところ、松平忠直組下の西尾仁左衛門《にしおにざえもん》（宗次《むねつぐ》）に討たれたのだという。(『細川家記』『大坂御陣覚書』)

もう一つの説は、松平文庫(福井県文書館内)の「忠昌様大坂ニ而《て》御戦功有増《あらまし》」に記されている。

馬に打乗り真直に敵中へ押込ミ、少し高き地へ乗上げ候へハ、よき敵居中候ゆゑ、詞《ことば》を懸け互《たがい》に下り立ち、鑓組終《つい》に突き倒し、甲を付討捕候、当分ハ名も知れす候ひつるに、其日の暮方花形市左衛門・同弟縫殿之丞縁者たる故、仁左衛門固屋に見舞に来る、彼験を見て真田左衛門殿なりと云ふて悔ゆ花形ハ某前真田家に有しゆゑ、左衛門を能《よく》見知に依て無疑《うたがいなく》、依之《これにより》丹下殿・伊豆守殿迄申達し、少将様御耳に達し、則《すなわち》言上なされ候、其後両御所様、西尾仁左衛門に御目見仰付られ、御褒美御金・御時服下し置れ候、真田討死の場所ハ住吉海道の方、生玉《いくたま》と諸満《しょうまん》(勝鬘)との間なりと云々

西尾の証言通りだとすれば、住吉(熊野)街道の生玉と愛染堂勝鬘院の間で、信繁は死んだことになる。四天王寺前夕陽ヶ丘駅まで、熊野街道と谷町筋はほぼ一致する。四天王寺南交差点を西に曲がれば前者、そのまま北に行けば後者の説である。

走る前、どちらにするか実は決めていなかった。交差点に着いた時の気持ちで決めようと思ったのだ。そして、私の足はそのまま真っすぐ北に向かった。交差点から見ると、西の松屋町筋に向かって下る坂の途中にある安居神社はいかにも遠かった。

茶臼山から谷を二つほど横切った先の、小さな丘の上にある安居神社は、茶臼山を追い落とされた者には恰好の逃げ場だ。だが、すでに茶臼山を捨てた信繁には、わざわざ谷町筋（熊野街道）を捨ててまで、立ち寄る動機がない。信繁は熊野街道を真っすぐ北に向かったに違いない。

走りながら、ふと子どもの時に見た学研まんがの『真田幸村』を思い出した。

あの漫画では、力尽きた信繁は、安居神社で休んでいたところ、あらわれた西尾仁左衛門に、「いやこの場になって戦ったとて、仕方のないこと。そちなら名の有る武士……。そちに首をやろう」と自ら兜を脱ぎ、首を差し出していた。大河ドラマ『真田丸』でも、堺雅人演じる信繁は、藤井隆の佐助の介錯で切腹している。いずれも潔い恬淡《てんたん》とした最期である。だが、西尾の証言では、信繁は熊野街道を北へ、おそらく大坂城の方へ逃げる途中、西尾に声をかけられ、挑戦に応じて馬を降りたのだった。彼は最後まで死ぬ気はなかった。いや、少々見苦しくても、命の続く限り戦い、一秒でも敵の進軍を遅らせる。そんな思いだったんじゃないだろうか。

友軍の勝永も退却中である。彼は、熊野街道より一つか二つ東の筋を使い、野中《のなか》の観音堂の東、東高津《ひがしこうづ》町辺りを通過して、城に帰ったらしい（『真田より活躍した男 毛利勝永』今福匡著、宮帯出版社）。となると、信繁が熊野街道で奮戦することは、勝永への援護射撃にもなる。

子どもの頃は、安居神社で潔く死ぬ姿をかっこよいと思ったが、家族を持ち、生きているだけで見苦しい年齢になると、最後まであきらめず生き抜こうとした信繁の方がより魅力的に見えるのだ。

ゴール、そして祈り

気づくと、もう生玉の辺りまで来ていた。

生國魂《いくくにたま》神社（生玉宮《いくたまぐう》寺）の鳥居をゴールということにする。走行距離は四・四三キロメートル、時間は四〇分。まぁ、最初だから、こんなもんだろう。クールダウンがてら境内《けいだい》を歩いた。もともと、生國魂神社は大坂城の辺りにあり、そこにはイクシマ・タルシマ（生島足島）という巫女《みこ》集団がいた。彼女たちの役割は、眼前の難波の海にあらわれつつあ

生國魂神社の鳥居

った島々の無事を祈ることだった。この島々が、後に、ナンバ、梅田、中之島といった、大阪のもっとも繁華な街々に成長していく。大坂を守るために戦った信繁の終焉の地が、大坂の誕生の無事を祈った巫女たちの近くだったのは、どこか因縁を感じさせる。

拝殿にお賽銭《さいせん》を投げ、井原西鶴《いはらさいかく》像、織田作之助《おださくのすけ》像を見物した後、淀殿が祀られている鴫野《しぎの》神社に詣でた。この神社の右手はすぐ崖《がけ》で、崖縁《がけっぷち》占《うらない》なんて店も出ている。その崖縁占の横から、麓の大阪の街を眺めることができた。

通天閣がのんびり立っていて、コロナ禍にあっても、難波や梅田のビル群の間を縫って、車や電車が忙しく行き交うのが見える。

今日も大阪は何事もないようである。

私は街並みに向かって手を合わせ、四〇〇年前に亡くなった一人の戦士に、静かに祈りを捧げた。

第二章　本能寺の変

本能寺の変　ルート地図

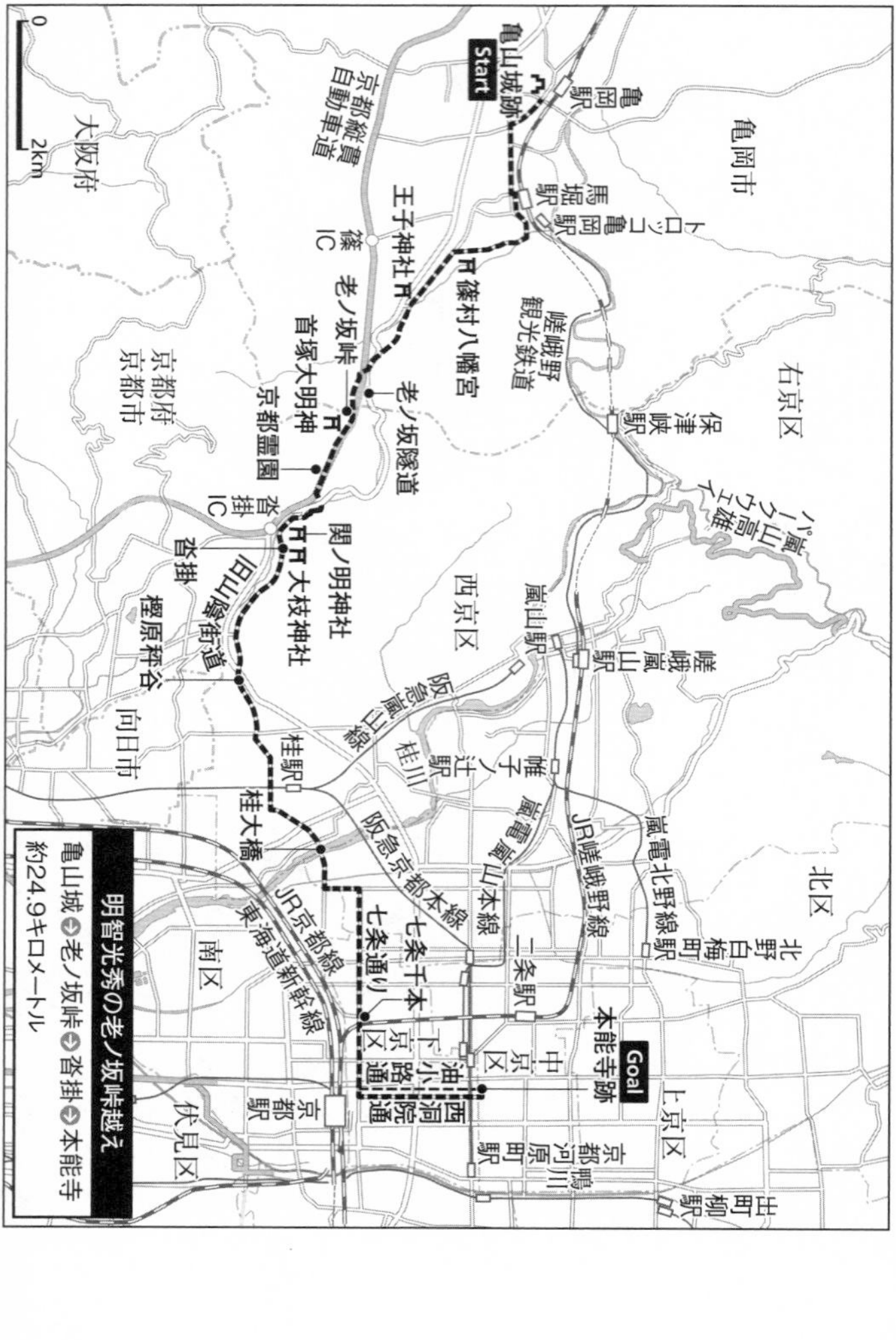
明智光秀の老ノ坂峠越え
亀山城→老ノ坂峠→沓掛→本能寺
約24.9キロメートル
0
2km
Start
亀山城跡
Goal
本能寺跡
亀岡市
亀岡駅
馬堀駅
トロッコ亀岡駅
京都縦貫自動車道
大阪府
王子神社
篠IC
篠村八幡宮
嵯峨野観光鉄道
老ノ坂峠
首塚大明神
京都府
京都市
老ノ坂隧道
京都霊園
沓掛IC
沓掛
関ノ明神社
大枝神社
旧山陰街道
樫原秤谷
向日市
西京区
右京区
保津峡駅
嵐山高雄パークウエイ
嵐山駅
嵯峨嵐山駅
阪急嵐山線
桂川
桂駅
帷子ノ辻駅
嵐電嵐山本線
JR嵯峨野線
嵐電北野線
北野白梅町駅
北区
桂大橋
阪急京都本線
七条千本
七条通り
JR京都線
東海道新幹線
南区
二条駅
中京区
下京区
西洞院通
油小路通
上京区
京都駅
伏見区
京都河原町駅
鴨川
出町柳駅

報告上手な冷血漢、光秀

前章を書くために、大坂の陣参加者たちが残した書状をいくつも読んだ。そのなかで気づいたことがある。報告書として見た場合は、あまり出来がよろしくないものが多いということだ。例えば、自分たちが闘った場所を「二ノ谷め」「三つめの谷」と表現しているものがいくつもある。自分たちがどこから進軍をはじめたかを書かないと、二つめ、三つめと言われても、読んでいる方は分からないと思うのだが、戦国武士というのはそういったことには気が回らない人種だったらしい。そのせいで、せっかくの証言も、場所の特定には役に立たないものが多く、前章では苦労した。戦国大名の第一の仕事は、家臣たちの戦いぶりに応じて公平な論功行賞を下すことだから、信長《のぶなが》も信玄《しんげん》も謙信《けんしん》もへたくそな報告書の山に埋もれて途方に暮れたに違いない。

そんななか、例外的に報告書が上手《うま》いと褒められた逸話の残る武将がいる。明智光秀《あけちみつひで》である。

彼の主君、織田信長は光秀の書状を読んで感心したらしく、こんな言葉を残している。

「たびたび報告を送ってくれており、まことに殊勝である。南方の状況について、書中に詳細に語られており、まるで現地を見ている心地がする」

南方の状況とは、摂津《せっつ》方面の戦況を指す。この頃の摂津は、三好《みよし》、畠山《はたけやま》、池田《いけだ》、荒木《あらき》、一向一揆《いっこういっき》などなど、新旧諸勢力が入り乱れていた。多分、争っている本人たちも、誰を相手になぜ闘っているかよく分かっていなかったのではなかろうか。そんな絡みに絡んだ状況を整理し、主君がすんなりと理解できる報告書を書けた光秀は、分析力とともに表現力も優れた男だったのだろう。

惜しいことに、この時、光秀が信長に送った書状は残っていないが、彼の文才の一端をうかがえる書状を紹介しよう。

「八上《やがみ》の事、助命退城候《そうろう》様と色を替え様《さま》を替え懇望《こんもう》候。はや籠城の輩《やから》、四、五百人も餓《う》死《じに》候。罷出《まかりい》で候者の顔は青腫《あおばれ》候て、非人界の躰《ていにて》候」

現代語訳しなくても、戦場の悲惨さが臨場感をもって伝わってくる。光秀は簡潔な表現で、物事の実相を切り抜くことができる、有能なライターだったのだ。

ただ、このかわいそうな敵に対する、同じ人間としてのささやかな同情を、行間から読み取ることができるだろうか？　光秀は悪名高い比叡山《ひえいざん》焼き討ちの直前にも、近江《おうみ》の土豪に宛てて次のような内容が含まれた手紙を送っている。

「仰木《おおぎ》の事は是非ともなでぎりにするつもりだ」

仰木は比叡山の登り口にあたる村である。この文面からは、焼き討ちに消極的どころか、ジェノサイドを前に、闘牛があがくように高揚している不気味な男の姿が読み取れる。光秀は比叡山焼き討ちだけでなく、越前《えちぜん》一向一揆攻めにも参加し、大いに「武功」をあげた。

その結果、信長の言を借りるならば、

「府中町《ふちゅう》は死骸ばかりで足の踏み場もない」

ありさまになったのだった。

令和二年の大河ドラマ『麒麟《きりん》がくる』はじめ、残虐非道な信長との対比から、創作では人情家として描かれることの多い光秀だが、どうもそんな人間ではなかったようだ。目的のためには手段を択《えら》ばない、信長に勝るとも劣らぬ合理的で冷血な男、そんな人物像が彼の残した手紙からは浮き上がってくるのだ。

武士の美学

さて、大坂の陣の参加者たちの証言を読んでもう一つ気づいたことがある。

それは、彼らが実によく戦場での敵味方のふるまいを見ていること。どんな得物《えもの》を持ち、どんな具足《ぐそく》（甲冑《かっちゅう》）を着て、どう戦い死んでいったか。こういったことになると、彼らの記述は執拗《しつよう》なくらい詳細になる。勲功の根拠として、お互いに証人になる必要があったためだろうが、その筆致には打算的な動機を超えた何かがある。

かっこいいか。

かっこ悪いか。

どちらの評価を味方、あるいは敵から下されるかは、彼らにとって褒美の多寡《たか》以上の一大事だったのだ。これは、応仁《おうにん》の乱以来、いや武士発祥以来、無数の戦場、無数の死によって磨かれた美意識のためだろう。この美意識（武士道といえば武士道）こそが、寛容な勝者と、美しい敗者を生み、最終的には江戸の平和へとつながっていったのではないかと思うのだが、いかがだろうか。

そして、こうした評価軸からは落第、つまりかっこ悪いという判断をもっとも多くの武士から下された武将もまた、明智光秀なのである。

山背の扱いを受けてきた丹後

南郷公園（亀山城のお堀跡）の明智光秀像の下に私が立ったのは、令和二年九月下旬のことだった。この頃、コロナ禍はやや落ち着いていたが、残暑は厳しく、走る前からもう汗びっしょりだった。

天正《てんしょう》一〇年（一五八二）の六月二日、光秀はここ亀山城から京都の本能寺《ほんのうじ》へ向かった。

光秀がどのルートから京都に入ったかは、亀山から保津《ほづ》を経て嵯峨野《さがの》に出た、沓掛《くつかけ》山・みすぎ山を経由して唐櫃《からと》越えで来たなど、諸説あるが、一番有力な老《おい》ノ坂《さか》越えを選択した。

南郷公園の明智光秀像

老ノ坂越えのルートは、旧山陰街道が通り、京と亀山をつなげる（当時としては）もっとも太い幹線道である。京に何か用があるものは、旅人も、そして光秀も、まずはこの道を選んだだろう。

優美に直垂《ひたたれ》を着こなした光秀像の足元で準備体操をした後、走り出す。

まずは主に旧山陰街道を使って、老ノ坂へ向かう。

しばらくは地方都市の風景が続いた。量販店、自動販売機、くたびれた居酒屋、郵便局、また量販店、ＪＡ……。日本だったら、どこでも見ることのできる、そうした没個性の景色を見るともなく眺めながら、先ほどの光秀像の顔を思い出していた。

目鼻立ちの整った、秀才然とした顔立ちである。

この像に限らず、光秀は漫画やゲームなど、創作物では美男子風に描かれることが多いようだ。『麒麟がくる』に、イケメン俳優、長谷川博己が抜擢された時も、特に異論は出なかった。どうも光秀と言われて日本人が思い浮かべるのは、長谷川博己に代表されるような、塩系であまりくどくない、上品な澄まし汁のような顔立ちらしい。これは有名な本《ほん》徳寺《とくじ》（岸和田市）所蔵の肖像画の影響もあるだろう。ひげはなく色白、ふくよかな頰、二《ふた》重《え》の聡明そうな目、通った鼻筋、行儀よくつぐまれた小さな口元と、画幅のなかの光秀はなかなかかっこよく描かれている。ただ、その代わり、あまり武将らしくない。少なくとも豪傑といった感じではない。むしろ優秀な官僚といった面立ちである。そして、どこか憂愁がある。

　昔の肖像画には、絵師の思いも込められているらしく、これは絵師が光秀の人生に感じた影、またひいては日本人が感じてきた影ということになる。

唐櫃越の道標

　しかし、先述の通り、史実の言動から読み取れる光秀の人物像は、目的のためならジェノサイドさえいとわぬ冷血なものである。それでもなお日本人が、そして私が光秀に憂愁を感じるのだとしたら、なぜなのだろうか？

　そんなことを考えながら走っていると、写真のような道標に行き当たった。左が本能寺だと言っているが、これは唐櫃越え説を指したものである。今回は老ノ坂越え説を採用したのでここは無視して、住宅街を通り抜けて北に向かう。しばらく走ると、篠村八幡宮《しのむらはちまん》が左手に見えてきた。本能寺への途中、光秀が立ち寄ったという伝説が残る神社である。

なかなか趣があるが、ゆっくり参拝する暇はないので、軽く拝んで通り過ぎる。

それにしても、丹後《たんご》は静かな街である。

亀岡までJR嵯峨野線で来たが、コロナ禍の最中でも観光客の姿がある京都と比べ、実にひっそりとしている。わずかに保津峡辺りが、川遊びを目当てにした家族や、観光客でにぎわっているくらいだった。

京都の裏山ともいうべき場所なのに……と私は少し寂しくなった。

平安朝前は荒れ野だった京都などより、丹後の方がよほど歴史は古い。京丹後市久美浜《きょうたんごしくみはま》の函石浜《はこいしはま》遺跡からは中国新《しん》朝の王莽《おうもう》（紀元前四五〜後二三年）の貨幣「貨泉《かせん》」が見つかり、古墳時代には、網野銚子山《あみのちょうしやま》古墳などの巨大な古墳も築かれている。一説では、大和《やまと》、吉備《きび》王朝とも伍する、丹後王国ともいうべき独立国家があったともいう。その際の、軍事的、経済的、文化的光源は、日本海を介して朝鮮・中国といった大陸勢力にあったらしい。後に、大和王朝の圧力に屈するが、それでも、大和王権（大和朝廷）が海外勢力とアクセスするための主要路であり続けた。

京都は、山背《やませ》、「山の向こう」という名前の通り辺鄙《へんぴ》な土地だった。それが桓武《かんむ》天皇に見初《みそ》められると、山城《やましろ》という名に変わり、あれよという間に日本の歴史の檜《ひのき》舞台に躍り出た。

以来、丹後の方が山背という扱いを歴史から受けているようでもある。

古代の道、中世の道

王子《おうじ》神社の袂《たもと》から、古道は老いを重ねる農村の間を、うねうねとくねりながら伸びている。

山懐深く、段々に田んぼが築かれ、ところどころに静かに朽ちていく古い家がある。時折、カラスでも脅しているのか猟銃らしき音が響いている。

宮崎の田舎育ちの私にはこうした景色の方が嬉しい。

それにしても、常々思うことは、中世の道のか細さである。

これでも京都と丹後という二つの国を結ぶ主要幹線道路だったはずだが、せいぜい大人の男が二人並べば一杯になる広さしかない。余談だが、古代につくられた道と、中世につ

細道を行く

くられた道、どちらが立派かご存じだろうか？

「そりゃ時代が新しい中世の方だろう」

とお思いになった方も多いだろうが、あにはからんや古代の方が立派なのである。

具体的に言うと、古代の方が道は太く、真っすぐである。これは、日本の古代王朝が「中央集権国家」を築くという動機からつくられたためだろう。日本国が出来たのは、大体、天武《てんむ》天皇の代くらいだろうが、当時、この島国の指導層は、中国に唐《とう》、朝鮮に新羅《しらぎ》という統一王朝が出来、その両国が攻めてくるのではないかと怯《おび》え、急ごしらえで彼らのような中央集権国家を作ろうとした。

中央集権国家は、人民から税を取り立てて都に集め、その財で軍を養い、内外で仇《あだ》なす者がいれば大軍を発して退けるというような仕組みである。そして、税を集めるのにも、兵隊を派遣するのにも道がいる。古代国家が、この島国の人民に課そうとした義務は、性急で過大だったが、その分だけ、道は真っすぐに、太くなった。当然、唐や新羅といったライバルたちへの見栄もあっただろう。

だが、両国が波を蹴立てて、わざわざこの島国に攻め込んでくるなどというのは、杞憂《きゆう》であった。日本では中央集権的な政治は長くは続かなかった。そもそも、地形が複雑で、山脈や河川などに隔絶された地域をいくつも抱えた、この島国を一つの権力だけで統《す》べようという考え自体に無理があった。日本は割拠分権の方向へと進み、貴族の代わりに武士が主役になっていく。

そして、古代の道も捨てられた。立派すぎる道はメンテナンスにコストがかかるし、大体、ほとんどの国民にとって都など用はないのである。

その代わり、隣の村に草鞋《わらじ》でも売りに行くとか、麓《ふもと》の町に嫁に行った娘を訪ねてみようとか、霊験あらたかな寺社に子どもの眼病が治るのを願って参拝に行くとか、そうした庶民の生活に根差した小さな願いをかなえる道が無数にできた。こうした中世の道は、動員できる労働力も少ないから細く、山や沼があれば避けるほかないので、曲がりくねっている。

だが、日本人の幸福に多く貢献したのは、不恰好でか細い中世の道の方だっただろう。私も走っていてなんとなく楽しいのはこちらの道のようである。

篠町《しのちょう》の集落を抜け、竹林の間を進む道を過ぎると登り坂になり、そのうちに国道九号線に行き当たった。

車が猛スピードで行き来している。

歩道と車道の区別がはっきりとしないので、すぐそばを通り過ぎる車がかなり怖い。

小さくなりながら、国道をのぼっていく。もちろん、風情はあまりない。

この国道を真っすぐ進むと、老ノ坂トンネルに突き当たる。

新旧二つあり、旧の方は歩行者専用で、心霊スポットとしても有名である。幽霊さえ怖くなければ、それを通って京都に入ることもできる。しかし当然、戦国時代に隧道《ずいどう》はない。

なので、私はあくまで旧道を進むことを選び、田ノ尻《たしり》の集落へと向かうことにしたが、
そのためには目の前の、車がビュンビュン走る国道を横断しなくてはならない。横断歩道もなく、どう渡ろうか困っていると、一台のプリウスがクラクションを鳴らし、止まって

くれた。

「ありがとうございます」

一礼して渡ろうとすると、運転席の、ゴルフ帰りらしき恰好をした年配の方から、

「何しとんの?」

と聞かれた。

「いや、光秀が本能寺に行ったルートを走ってるんです」

そう答えると、男性はおかしそうに笑った。

「はは、またけったいなことやってんなぁ。まっ、気をつけて」

光秀の先祖(?)が倒した酒呑童子の眠る神社

国道を横切り、王子道登《おうじみちのぼ》りと呼ばれる、古道をしばらく進むと、道は深い竹林の間を縫って伸びていく。

先ほどの車の喧噪《けんそう》が嘘《うそ》のように静まり、気温も下がる。景色は皆、藍色に沈んで、なんだかゾクゾクする雰囲気だ。

そういえば、映画やドラマで、光秀が落ち武者狩りにあうのもこんな場所ではなかった

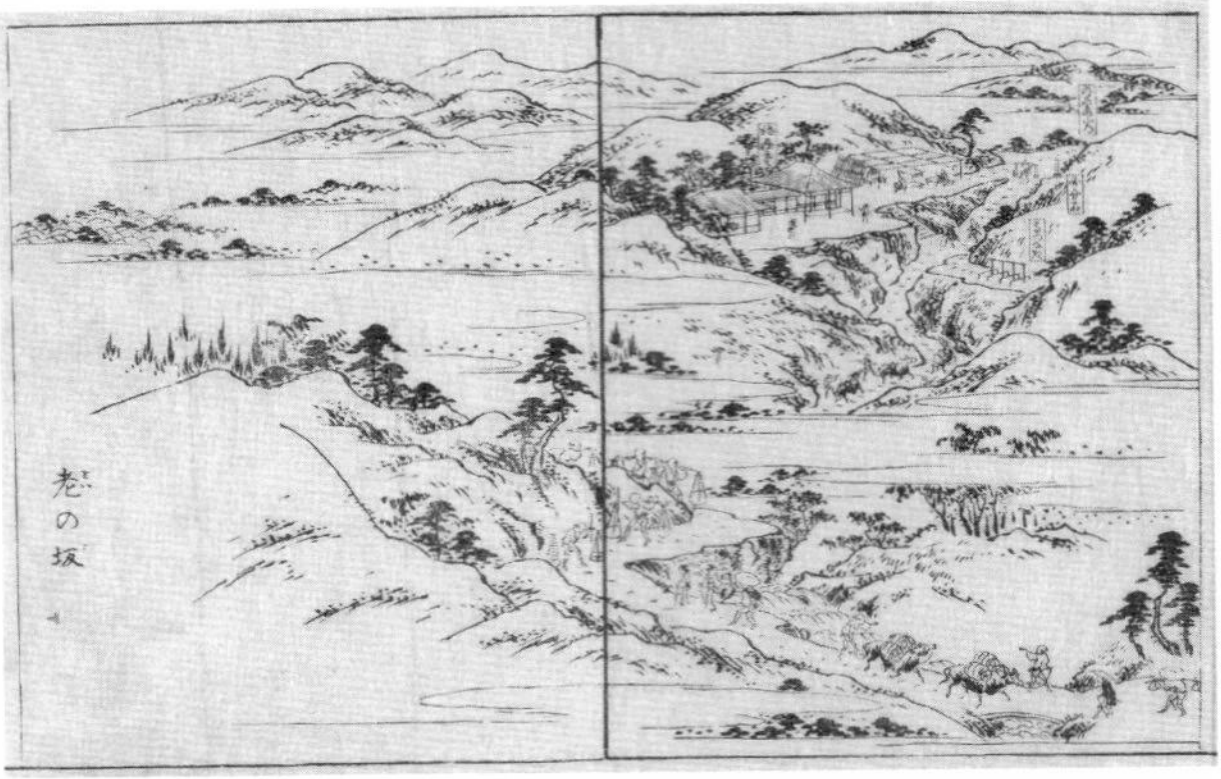

『拾遺都名所図会』に描かれている「老の坂」(国立国会図書館蔵)

老ノ坂峠の案内板

か。血に飢えた野伏《のぶし》が潜んでそうで、自然と足が速くなる。

ようやく林を抜け、田ノ尻の集落に出た時は、ほっとした気持ちになった。田ノ尻は小さな集落で、道の脇の家では、ガレージに老夫婦が椅子を並べて、不思議そうにこちらを見ていた。

帽子を取り「こんにちは」と挨拶して、しばらく進むと、不思議な幟《のぼり》を見つけた。

「熊に注意」

今さら、そんなこと言われても……。もっとはやく言ってくれなきゃ……。

どうしようもないので、気づかなかったことにして、さらに走る。

すると老ノ坂峠の案内板が見えた。

あっさりしたものだが、『拾遺都名所図会《しゅういみやこめいしょずえ》』の「老の坂」では、天秤棒をかついだ人夫、米俵を背負った牛、旅姿の娘さんなどが描かれており、京へあるいは丹後へと向かう、旅人で行き交う、ずいぶん、にぎやかな峠道だったようである。

集落を抜けると、道は再び森に入る。

入口辺りに、山城と丹後の国境を示す標石があり、さらにもう少し進むと首塚《くびづか》大明神に辿り着いた。ここに、酒呑童子《しゅてんどうじ》の首が眠っているということだが、そんな怪物を封じているにしては、まことに小さな、可憐と言ってもいいような神社である。丘というのもはばかられるささやかな隆起の上に、これまた小さな社《やしろ》が建っていて、境内を一巡りするのに三分もかからない。

だが、深い杉の森の底にあって、人煙ははるかに遠い。陽《ひ》もあまり差さず、土は濡れ、石段は苔むしている。神社といっても、なかには駅前のパチンコ店と同程度の雰囲気しか感じられないものもあるが、この神社には確かに神威といったものを感じる。得も言われぬ凄みがあるのだ。

首塚大明神

伝説では、平安時代の一条《いちじょう》天皇の御世《みよ》、都で良民が殺戮《さつりく》され、婦女が忽然《こつぜん》といなくなる事件が続出した。心を痛めた天皇が、陰陽師《おんみょうじ》安倍晴明《あべのせいめい》に占わせたところ、酒呑童子という鬼のしわざであることが分かった。彼《か》の鬼は手下の鬼を率い、丹波《たんば》国、丹後半島のつけ根に位する大江山《おおえやま》を根城にしているという。

天皇は当時、武名のもっとも高かった武士、源頼光《みなもとのよりみつ》に討伐を命じた。この時、頼光は後に頼光四天王と呼ばれる、四人の豪傑を連れて行く。渡辺綱《わたなべのつな》、坂田公時《さかたのきんとき》、碓井貞光《うすいさだみつ》、卜部季武《うらべのすえたけ》である。彼らは、酒呑童子が酒好きなことにつけ込み、毒酒をふるまい、寝込んだところで首を掻《か》く。酒呑童子は頼光たちが卑怯《ひきょう》な策を弄したことを非難して、「鬼に横道はない」と罵ったという。頼光一行は、酒呑童子の首を掲げ、意気揚々と京都へ向かったが、老ノ坂に差し掛かったところで、道端の地蔵尊に「都に不浄のものを持ち込むな」と叱られ、首もピクリとも動かなくなった。そこで、その地に首を埋葬し、手ぶらで京に帰ったという。

源頼光は藤原道長《ふじわらのみちなが》と同時代の人物である。世は摂関政治の全盛期、後宮《こうきゅう》では紫式部《むらさきしきぶ》や清少納言《せいしょうなごん》といった才媛が文才を競い、王朝文化がもっとも華やかりし頃だった。しかし、その実、京都の治安すら朝廷だけでは、どうすることもできなかった。酒呑童子事件は、武士の力を満天下に示し、近い将来、彼らこそが時代の主役となることを示す事件だった。

ちなみに光秀が称した土岐《とき》氏流明智氏の元は摂津源氏だが、そのはじまりは、この源頼光が、父満仲《みつなか》から摂津国川辺《かわべ》郡多田《ただ》を相続したことによる。

光秀も本能寺の変で、この神社のそばを通り過ぎた際、先祖の為した鬼退治と、自分がこれから為そうとすることを比べ、何かしらの感慨を覚えたりはしなかったのだろうか？

首塚大明神から沓掛へ

事前の調査では、首塚大明神の脇から京都へつながる旧山陰街道の古道が伸びているという話だった。確かに、境内を囲う金網の柵を辿っていくと扉があり、そこからその道に入ることができた。

だが、少し進むと、アスファルトは切れ、ただの土の道になった。ほとんど整備されておらず、単に木が生えていない箇所が帯状に続いているというだけの代物である。ジョギング用のシューズだと、濡れた葉でつるつる滑るうえ、横なぎに倒れた木が、次々に行く手を阻んだ。遠くからパキッと、何か結構大きな生き物が枝を踏むような音も聞こえる。

「熊に注意」

集落で見た幟を思い出す。

もう引き返すこともできないので、道をふさぐ木を、時に乗り越え、時に潜りながら、がむしゃらに走っていく。つるんと滑って尻餅をつくこともあった。アラフォーの薄い尻だと、これがなかなか痛いのである。でも、熊がすぐ後ろに迫っているかもしれず、立ち上がってはこけ、こけては立ち上がりを繰り返して七転八倒、何度目かの尻餅の後、ふと前を見るとアスファルトの道があった。

京都霊園の脇を通る道である。

人の声や、車の音もして、久しぶりに人の気配を感じる。正直、心細くなっていたので、この時は本当にうれしかった。

心なしか足も軽くなったような気がする。

アスファルトに足音を高らかに鳴らしながら走って、再び国道九号線に出る。今度は歩道もちゃんとあるし安心である。

光秀の決断の地

やがて、都市郊外の山道によくあるラブホテル街が見えてくる。この辺りで九号線から、府道一四二号線に入る。一四二号線は、沿道に桓武天皇の母親の陵、関《せき》ノ明神《みょう》社、大枝《おおえ》神社があり、古道の名残が薫る懐かしい道だ。

沓掛の往事を偲ばせる案内板

そして、ついに沓掛《くつかけ》に至った。『信長公記《しんちょうこうき》』によれば、ここで光秀は一旦兵を休息させたという。

この場所は南に進めば、西国につながる街道に出、東に進めば京都に出るという交差点でもあった。

要するに、ここまでなら、まだ光秀は謀反《むほん》を思いとどまることができるのである。ここで光秀はかなり長時間待機したようである。別ルートを進ませていた別働隊を待っていたのかもしれないが、やはり主殺しに躊躇《とまど》いがあったのだと思いたい。

沓掛は光秀が最後の決断をしたと思われる重要な場所だが、何か史跡らしいものが残っているわけでもない。ただ、電柱の案内板に「山陰街道沓掛」と記されているだけだ。

沓掛という地名は全国あちこちにあるが、大抵ここと似たような場所、街道沿いの峠の麓にある。由来も同じで、要は「ここから坂道です。沓を替えた方がよいですよ」と言っているのだ。昔の旅人は坂道にさしかかる場所で、草鞋《わらじ》や馬沓《うまぐつ》を替え、古い方を木の枝や宿の軒先などに掛けて、旅の無事を祈る風習があった。そのため、沓掛という地名が残る場所は、元をたどれば宿場町だったところが多い。ここ京都の沓掛もその例に漏れず、かつては盛んな宿場町だったという。

自動車の出現は、本当に日本の道とその景色を一変させてしまった。少し寂しい思いで、私は沓掛を過ぎた。

当然、足の向き先は東である。

光秀が見た京都の姿とは!?

「ハァ、ハァ」

もう走行距離は一〇キロメートルを超えていた。日差しはきついし、足も痛くなってくる。

しんどい。

だが、樫原秤谷《かたぎはらはかりだに》の辺りまで出ると、行く手に京都の市街が見えはじめ、気分が少し楽になった。関西で暮らすようになってもう十数年たつのに、いまだに宮崎育ちの感覚が抜

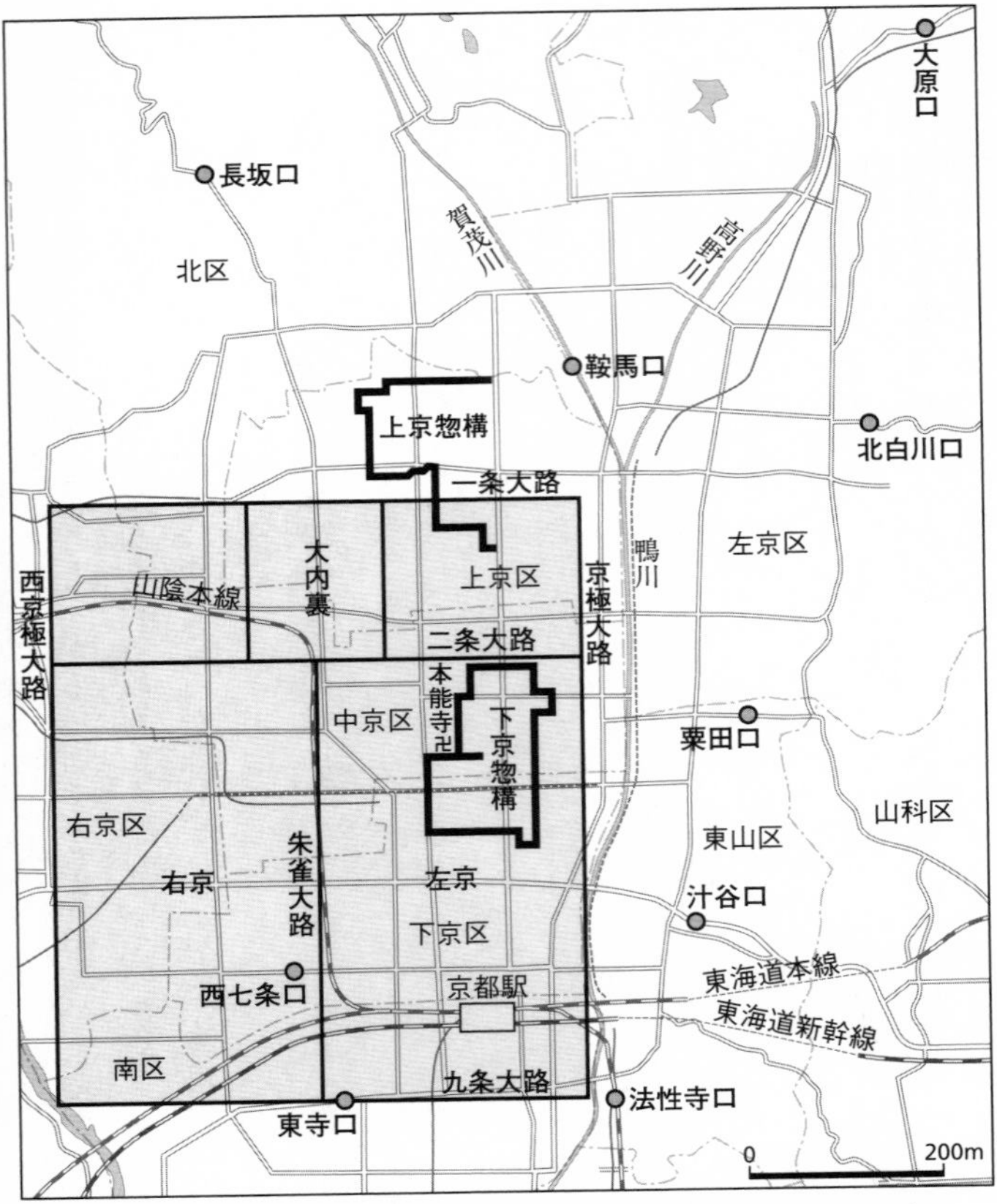

図1　戦国時代の上京・下京（『信長が見た戦国京都』などを参考に作成）

けない。京都の街並みがちらと見えただけで、心がうきうきと沸き立ってしまう。

だが。私が今見た京都と、光秀が天正一〇年（一五八二）の六月二日に見た京は、同じものだったのだろうか？

結論から言うと、現代の京都と天正一〇年の京はまるで別物だった。

〔図1〕を見ていただきたい。

戦国時代の京が、現代の京都の市街地と比べたら、実に小さいことに驚かれるだろう。

イエズス会宣教師の『日本教会史』に、次のような記録がある。

最初あった南北三八の道路の中で、上京と下京の二つの市区に分かれていた両区がたがいに続いているのは南北に通ずる中央の道路ただ一つだけとなり、横の道路三八の中でもごく少数しか残っていなかった

応仁の乱以来の、度重なる兵火のため、京都の市街地は次々に失われ、ついには堀と構《かまえ》に囲まれた、二つの小さな城塞都市、上京・下京にまで縮小してしまったのだ。

戦国時代の連歌師、宗長《そうちょう》も当時の京都について、こう描写している。

京を見わたしはべれば、上下の家、むかしの十が一もなし、ただ民屋の耕作業のてい、大裏は五月の麦のなか、あさましとも、申すにもあまりあるべし

上京も下京も家が一〇分の一ほどに減り、民家をたまに見つけても耕地に変わっている。そして、なんと天皇の住まう内裏《だいり》のすぐそばまで麦畑が迫っていたというのである。

光秀が樫原秤谷から京都を望んだ時は、まだ夜だったはずだが、今、世界中の観光客を魅了する夜景などは片鱗もなく、ただただ水田と畑が闇の底に沈んでいる、そんな情景だった。ドラマや映画で描かれる、京都の整然とした碁盤の目のような道を、一万二〇〇〇人もいる光秀軍が進軍している光景は嘘なのである。そんなことをしたら、町の者が気づいて、大騒ぎになってしまう。

また後で詳述するが、実は本能寺は下京の惣構《そうがまえ》の一角を構成していたので、光秀は市街に入ることなく急襲することができた。

悪女のような京都

桂大橋《かつら》にまで来た。

もちろん、当時、こんな立派な橋は架かっていない。光秀たちが桂川を渡った場所は不明で、そのため、渡河の際に言ったという名言「敵は本能寺にあり」も、どこのことか詳細はよく分からない。

桂川は流れが穏やかで、河川敷も広く、市民の憩いの場になっているようだった。犬に水浴びさせている人もいれば、釣り糸をたらして浮きを眺めている人、なかにはアウトドア用の椅子に座ってビールを飲んでいる人もいた。まことに平和な光景である。

だが、この川がたびたび氾濫するせいで、長年、日本の首都はその右半分を水浸しのままにしてきた。

先に戦国時代の京は、現代の京都よりはるかに小さいものであったと述べたが、そもそも京都は現在を除けば、造営前、桓武天皇の頭のなかにあった時が一番大きかった。国土も人口も数倍大きい唐の長安《ちょうあん》をモデルにしたせいで、京都ははじまりから背伸びし過ぎた都だったのだ。出来た当初からオーバースペックが露呈した京都だが、そのことがかえって、この街にしたたかさとともにしなやかさを与えたようだ。

律令制がうまく機能しなくなっても、律令そのものを抜本的に改革せず、検非違使《けびいし》等の令外官《りょうげのかん》や、摂関政治、院政で補完しようとしたように、時の権力者たちは、京都が日本の支配者であり続けられるように時勢に合わせて改造し続けた。

藤原道長は当時、左京のなかでも東のはずれだった鴨川《かもがわ》西岸に法成寺《ほうじょうじ》を創建し、白河法皇《しらかわ》はさらに鴨川を渡って白河を市街地として整備し、そして、平正盛《たいらのまさもり》は葬送地の鳥辺山《とりべやま》に通じる入口で、不浄の地とされていた六波羅《ろくはら》に武士という新興階級の橋頭堡《きょうとうほ》（渡河・上陸などで、攻撃の拠点として敵地に築く陣地）となる六波羅館《やかた》の基礎をつくった。源平合戦を経て、武士の世となった後も、源《みなもとのより》頼朝《とも》、義経《よしつね》、足利尊氏《あしかがたかうじ》、直義《よしなお》、義満《よしみつ》、無数の征服者を受け入れながら、京都は姿かたちを変え、したたかに生き延びてきた。

しまいには応仁の乱で、市域全体が焦土と化すが、その灰のなかから、隔壁や堀でハリネズミのように防御した、二つの城塞都市、上京と下京となって甦るのである。

私は長年、京都はこの狭隘《きょうあい》な盆地で、一〇〇〇年眠りこけた都市だと勘違いしていた。戦国時代に果たした役割も、一昔前の、少年漫画のヒロインのように、ただ奪われ蹂躙《じゅうりん》されるのを、楚々《そそ》として待つ戦利品に過ぎないと。だが、その認識は誤りだったようだ。京都は誕生以来、幾人もの英雄・豪傑を飲み込み、利用し、使い捨てることで成長し、その生命を保ってきた悪女だった。

信長は光秀にこの悪女を飼いならす才能を見出《みいだ》し、近江滋賀《しが》郡、丹波という大邦《たいほう》と、天下の仕置き人とも言うべき立場を与えた。光秀も一時はその期待に大いに応えた。だが、やはり京都はそんな甘い存在ではなかった。信長と光秀という名コンビもまた、この悪女に飲み込まれ破滅するのである。

親友の土地を主君に差し出した光秀

桂の後、丹波と京を結ぶ道は、七条《しちじょう》通りへ伸びる。東に向かってひた走りながら、私は光秀自身の脳裏にもよぎったであろう、彼にまつわる一つのエピソードを思い出していた。

京都盆地の北西、現在の京都市左京区吉田神楽岡《よしだかぐらおか》町に、吉田山という孤立丘がある。この丘上にあるのが、累代吉田氏が神主を務める、吉田神社だ。過去に『徒然草《つれづれぐさ》』の兼好《けんこう》法師なども輩出した氏族だが、当時は吉田兼見《かねみ》が当主だった。筆まめな男で、彼の日記、『兼見卿記』は、信長時代の京の雑踏の音すら聞こえてきそうな、第一級史料である。この兼見だが、光秀と親友で、日記には頻繁に光秀が登場する。

元亀《げんき》四年（一五七三）七月十六日、足利義昭《よしあき》がちょうど京都から追放されそうな頃、兼見のもとを、柴田勝家《しばたかついえ》、丹羽長秀《にわながひで》、羽柴秀吉《はしばひでよし》、滝川一益《たきがわかずます》などの信長オールスターズが訪れた。一人でも圧で息が詰まりそうな者が勢ぞろいしたのだから、兼見もさぞかしびっくりしただろうが、用件を聞いてさらに驚いた。

「信長様が京でお住まいになる御殿をつくるという話になってな。ついては、この吉田山がよいのではということで、我々が視察に参ったのだ」

吉田山はとかく守りにくい京都盆地にあって、地勢に優れ、まずまず守りやすい。過去には足利尊氏が南朝を迎え撃つため布陣したこともある。その要害性に目をつけられたということだろうが、兼見にとっては代々先祖から受け継いだ場所である。腹立たしく、迷惑なことだったに違いないが、推薦した人物の名前を勝家たちから聞いた時は、怒りを通り越して呆《あき》れるほかなかっただろう。

「いや、光秀殿が言い出したのだ」

この出来事の翌年から、信長はアクセス網の本格的整備に取り掛かる。それは尾張《おわり》からはじまり、最終的には大和にまで至る壮大なものだが、その一環として、近江志賀から山中越えで京都に入る新道が築かれた。江戸期に「白川馳道《しらかわはせみち》」と呼ばれることになる道だが、この工事には気の毒な兼見までも動員されたようだ。

新道が出来た後、信長が岐阜《ぎふ》から京都へ行くルートは、佐和山《さわやま》（安土《あづち》城が居城となってから は安土）から琵琶《びわ》湖を船で西行し、坂本《さかもと》に上陸、山中越えで山城に入り、白河（白川）・上粟田《かみあわた》を経て入京するものになった。

当然、白川馳道は、光秀も入京の際によく使っただろうが、この道は現代の志賀越道《しがごえみち》にほぼ比定されており、京都大学の構内を伸びていた。ちょうど吉田山のそばである。

そのため、もし信長が吉田山に拠点を築いてくれたら、岐阜・京都を結ぶアクセス網のなかで、もっとも重要な近江・京都間を、光秀の坂本城と、信長の吉田山が結ぶことになる。当然、信長との連絡も容易になるわけで、そうしたことを魂胆に、光秀は吉田山をすすめたのだろう。

だが、どれほど遠大な構想を前提にした提案であっても、親友の家を本人の頭越しに差し出そうとするのは、どうにも行儀がよくない。光秀というのは、仕事にむきになっているうちに、他人の都合など目に入らなくなる人物だったようだ。

幻の吉田山城

勝家たちも、光秀の目論見《もくろみ》は分かっている。わざわざライバルのアシストをするのははばかばかしいし、吉田山は守りによくても、上京、下京から離れており、政務をとりづらい。視察はそう身を入れたものではなかったらしく、日記によれば兼見が小漬けを出すと、皆ご機嫌になって帰っていったという。

ちなみに、小漬けは漬物を菜《さい》にした茶漬け、ようはぶぶ漬けである。望まれぬ客にぶぶ漬けを出して追い払うという、京都人の習性は戦国時代にもあったということになる。

まぁ、冗談はさておき、信長の京の新拠点の話はこれで立ち消えとなり、以後も信長は妙覚寺《みょうかくじ》や、本能寺を宿所に使い続ける。

だが、もし、もしもである。

この時、信長が少々不便でも、光秀の推薦通り吉田山を新拠点とし、例えば吉田城とでもいうべき山城をつくっていたらどうなっただろうか？　この場合、本能寺の変ならぬ、吉田山の変を成就させるには、桂川、鴨川、二つの大河を越え、さらに、下京、上京を通り過ぎなくてはならない。確実に奇襲は不可能である。

とすると、信長がこの案を、宿老たちのおざなりの視察だけですませた時点で、彼の運命は極まっていたことになり、光秀自身、運命の皮肉に肌の粟立つ思いがしただろう。

信長の油断

七条通りに入り、いよいよ、京都の市街である。

建物にも風情があり、景色の雅《みやび》さがいやました感じもするが、先述したようにまだこの当時は農村であった。

また、私の感じた「雅」自体、近世、下手《へた》したら近代になってからつくられたもので、信長と光秀が生きた頃の京は、古代・中世を生き延びた様々な勢力たちが、魑魅魍魎《ちみもうりょう》のごとくひしめき、血を流して争いあう地獄の都だった。

光秀の残忍なまでの合理主義は、この都を飼いならすためにやむなく身に付けたものに違いなく、古典に通じていた彼の正体はまた別のところにあったのかもしれない。そのずれが、私や日本人が彼に感じる憂愁の根なのだろう。

道は、七条通りと旧千本通りの交差点である、七条千本にきた。

ここの東側近辺が丹波口とか七条口とか呼ばれ、京都と丹波を結ぶ街道の起点となっていたという。中世にはこの辺りに「西七条口」と呼ばれる関があったともいう（『京都と京街道』水本邦彦編、吉川弘文館）。

信長の眠る本能寺まではもう一息だ。

図2　戦国時代の下京と光秀軍の侵攻ルート（『信長軍の合戦史』『歴史の旅 戦国時代の京都を歩く』などを参考に作成）

信長は結局、京に恒久的な宿所はつくらなかった。まだ尾張統一前、初めて上洛した時は、裏築地町《うらつきじ》に普通の旅人と同じように寄宿し、その後、義昭を擁立して京に征服者としてのぼった時も、義輝《よしてる》の仮御所である妙覚寺を長く使い続けた。本能寺が宿所になったのは、元亀元年（一五七〇）と晩年にあたる天正八年（一五八〇）から同一〇年の短い期間でしかない（『信長が見た戦国京都』河内将芳著、法藏館）。

妙覚寺、本能寺が宿所として選ばれたのは、この二つの寺が下京の惣構の一角を担っていたためである。下京を堀、塀で囲まれた城とすれば、この二つの寺は櫓か馬出《うまだし》のようなものだった。だが、所詮、平地のただなかである。防御機能はたかが知れている。おまけに、信長は、この日は油断しきっていた。

ひごろの御用心もこの時節、御油断（『蓮成院記録《れんじょういんきろく》』）

このごろ、天下静謐《せいひつ》の条、御用心なし（『惟任謀反記《これとうむほんき》』）

という有様で、家来も小姓《こしょう》を二、三〇人しか召し連れていなかった。

光秀の軍に従軍していた本城惣右衛門《ほんじょうそうえもん》の覚書によれば、本能寺の門は開け放たれ「ねずみほどなるもの」もない状態だったという。信長も義昭を擁して上洛した当初は、京都にも、またそこに住まう人々にも、王都の住人ということで、畏敬と緊張をもって接していたはずである。

だからこそ、彼らを統制できる経験と能力を持った光秀に、相応の礼を与えていたのだが、その辺りの信長のなかにあった自制が、天正一〇年の六月二日には完全に壊れていたように見える。

信長ともあろうものがという気もするが、人が死ぬ時は、こんなものかもしれない。

ちなみに、私は七条千本を過ぎた後、西洞院《にしのとういん》通りを北上してしまったが、これは間違いで、過去の研究によると、光秀は油小路《あぶらのこうじ》を使ったらしい。暑いうえに走行距離が二〇キロメートルを超してしまったために起きたミスである。申し訳ない。

ただ、言い訳ではないが、光秀たちの軍は惣右衛門の証言によると「南堀際へ、東向き

本能寺跡に立つ石碑

に参り」「本道へ出」て、それから「内へ入った」という。『歴史の旅　戦国時代の京都を歩く』（河内将芳著、吉川弘文館）によると、惣右衛門の足取りを、本能寺の南側に走る四条坊門《ぼうもん》小路（蛸薬師《たこやくし》通り）を西から東へと向かい、西洞院通りと交差したところを北上した末、川に架かっていたであろう橋を渡って本能寺へ侵入したと分析している。

とすれば、光秀たちは、下京内に入るのを避けるため、一本西の堀川小路辺りに折れて、惣構をやや西へ迂回《うかい》したのではなかろうか。油小路を真っすぐ北上したとすると、本能寺に辿り着く前に、下京内に入ってしまうし、四条坊門小路を西から東へという記述とも矛盾するように思えるのだ。

ついに本能寺へ。その現在の姿は……

さて、光秀は、一撃で信長を屠《ほふ》り、結果「諸人がその声ではなく、その名を聞いたのみで戦慄した人が、毛髪も残らず塵《ちり》と灰に帰した」わけだが、私は恥ずかしいことに少々迷ってしまった。

なにせ、かつて広大な敷地を誇った本能寺も、今は小さな碑しか残ってないのである。元本能寺、元本能寺南町周辺をぐるぐる回った末、ようやく跡碑に辿り着くと、さすがに疲れてへたり込んでしまった。亀山城からここまで二四・九七キロメートル、約四時間半のランだった。

しばらく、休んでいると、観光客らしき老夫婦が来たので、写真の邪魔にならぬようよけてあげた。

老夫婦はお礼を言ってから、しばらくパシャパシャと写真を撮っていたが、やがて男性の方が大きな声で笑いだした。

「ご覧、消防署になっているよ」

見ると本当だった。

世界でここほど、消防署にふさわしい土地もないだろう。やはり、京というのは一筋縄でいかない町のようである。

第三章　石山合戦

石山合戦(天王寺の戦い)　ルート地図

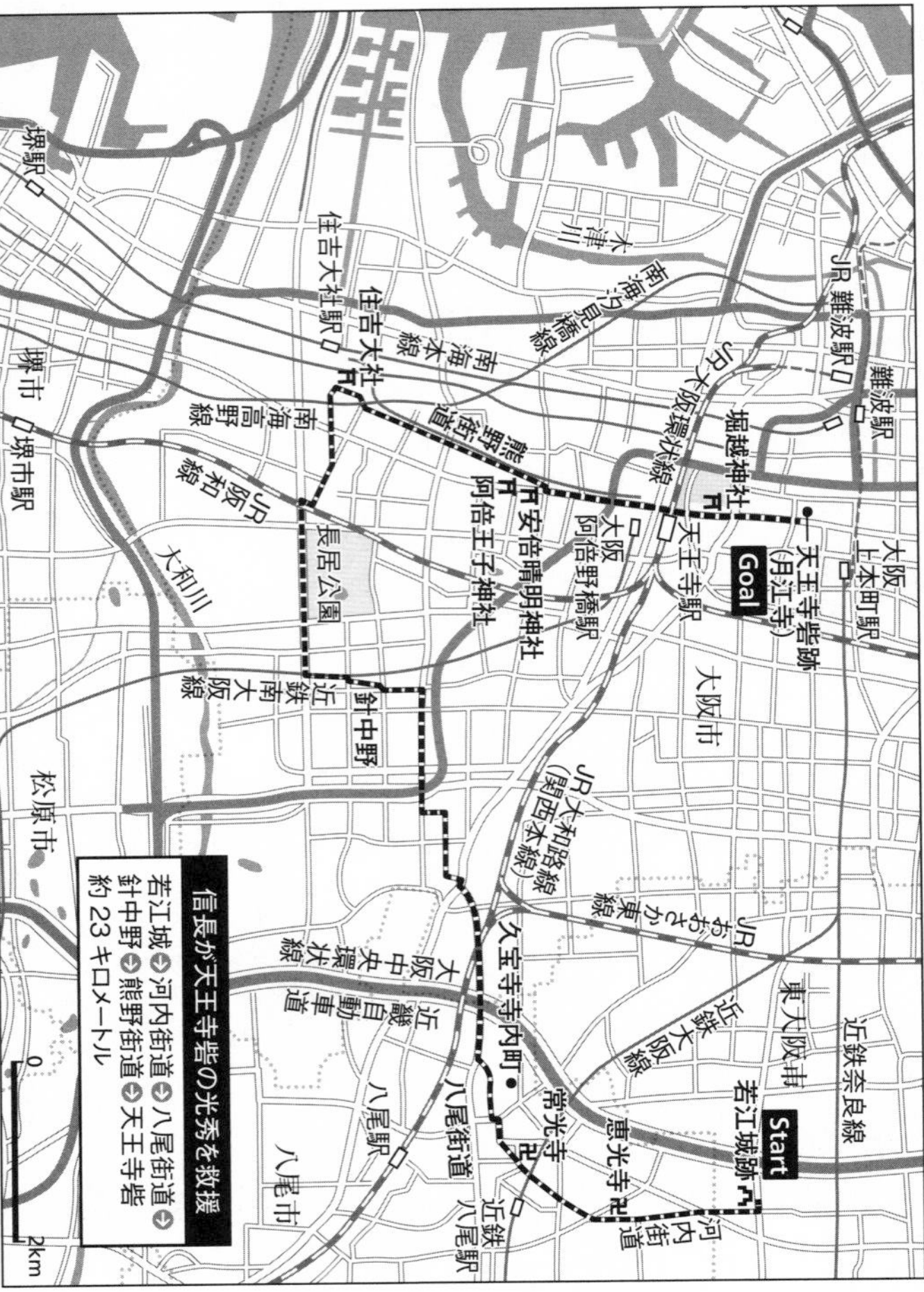

ツーといってドン

「なんで、こんな遠回りするの？」

ＰＣの前でウンウンうなっていたら、そう妻に声をかけられた。

第一章を書くために、大坂夏の陣の家康《いえやす》の進軍路を確認しているところだった。慶長《けいちょう》二〇年（一六一五）五月五日、京都二条城を発した家康は、大坂城まで星野《ほしの》、枚岡《ひらおか》、千塚《ちづか》、道明寺《どうみょうじ》、平野《ひらの》、天王寺《てんのうじ》というルートを取っている。

私はそのなかで、第一章で取り上げた、枚岡から天王寺までを、グーグルマップにプロットしようとしていた。ロードバイクが好きで大阪の街を駆け巡っている妻には、枚岡から大阪城はほぼ真東なのに、なぜわざわざ南に遠回りするのか理解できなかったらしい。

妻はマウスをつかむと、枚岡から大阪まで真っすぐドラッグしてみせた。

「こうやってツーいってドンやったらええんちゃう」

「こやつ、いらぬ差し出口を！」

そう言いたくなったが、怒らせると、あごを外されかねない。触らぬ神に祟《たた》りなしである。

「確かにいいアイデアだね。美人で賢いひとが考えることはやっぱり違うな。家康はなんで思いつかなかったんだろう。信玄《しんげん》に負けてうんこ漏らしたからかな」

お茶を濁すと、妻は機嫌がよくなって買い物に出かけて行った。

だが、その後、大坂夏の陣について調べていくと、妻のツーといってドンを本当に実行したものがいることが分かった。

石川嘉右衛門重之《いしかわかえもんしげゆき》（石川丈山《じょうざん》）という武士で、彼も枚岡からわざわざ南に回る意味が理解できなかったらしい。こっそり軍を抜け出すと、河内《かわち》の野をひたすら西に駆け、なんとたった一人で、大坂城の東の出口、玉造口《たまつくり》に攻めかかった。天王寺表の決戦もあらかた決着がつき、戦いの大勢も定まった頃だろうが、勇気はいる。重之は佐々某《なにがし》という勇士の首をあげた後、城中をさらに西へ進み、ついに突き抜けて西の大手門に出た。その足で秀忠《ひでただ》のもとに行き、一番槍を主張したが、

「いや、そもそも軍法違反だろうが」

と逆に勘気《かんき》を被《こうむ》り、せっかくのツーといってドンも骨折り損に終わったという。

しかし、よくよく考えてみると、軍隊はなぜ真っすぐ進めなかったのかというのは、なかなか難しい問題だ。

軍隊はなぜ真っすぐ進めなかったのか

一つは地形的な制約がある。高い山や、大河が目的地との間に立ちはだかっていたら、遠回りせざるを得ない。

平坦な土地でも、近代以前の日本は今では考えられないくらい水浸しの国である。思わぬところに沼があり池があり、比較的乾いた土地でも丈の高い草に道を阻まれる。だから、整備された道を進むわけだが、この道自体が中世の道だと、地形的な制約に左右され曲がりくねっている。山にトンネルを掘ったり、沼を埋めたり、大河に橋を架けたりできるようになるのは、近代になってからの話である。

さらに道があっても、いつも最短ルートを使えるわけではない。まず、進路上に敵対勢力がいたら迂回《うかい》しなくてはいけないし、支配下だったとしても政治的な理由で遠回りする場合がある。

そもそも、戦国大名が行き来した道の多くは、集落同士を結びながら伸びている。そして、通り道にされる集落にとって、軍隊は台風か蝗《いなご》の大群のように、迷惑至極な存在なのだ。だから、どうも戦《いくさ》が起きそうだと勘づくと、町や村の有力者は「頼むからうちの町（村）を通らないでくれ」という声をあげる。その集落を直接支配している大名の家来や、半独立の国衆、あるいは寺社といった勢力も、自領が焼け野原になるのを恐れて、大名に訴える。

「今年は凶作で米が全然穫《と》れませんでした。身どもの○○村を通るのはやめていただきたい。△△殿の領地は最近戦もなく豊かなようですから、あちらの街道を使ってはいかがでしょうか？」

「昨年の戦《いくさ》の時は、当寺の山林を荒らされ大変迷惑しました。檀家衆のなかには、喧嘩《けんか》に巻き込まれ怪我した者まで出ております。今回の戦で、通り道にされるのは勘弁いただきたい。仏事に支障が出ると、後生《ごしょう》が恐ろしいですぞ」

大名はこうした声を聴きながら、ルートを決めなくてはいけないわけである。

もちろん、計算に入れなくてはならないのは、今まで述べてきたことだけではない。

道幅の広狭、整備の状況……。

それは高次の連立方程式を解くように、頭と神経を使う仕事だった。

桶狭間《おけはざま》の章で詳しく述べるが、今川義元《いまがわよしもと》は尾張《おわり》に出るにあたって、潮の満ち引きにまで気を使っている。義元の場合、せっかくの熟慮も信長の蛮勇に打ち砕かれることになるのだが、進軍路をどう決めるかは、勝敗を左右する重要なファクターだったのである。

天王寺の戦い

さて、第一章では上町《うえまち》台地を守る側で走ってみたが、今回、第三章では上町台地を逆に攻めてみたいと思う。夏の陣の家康が辿ったルートだとあまり芸がないので、今回取り上げるテーマは天王寺の戦い。

大坂の陣より三九年前の天正《てんしょう》四年（一五七六）五月七日、織田信長《のぶなが》は一向一揆《いっこういっき》衆に取り囲まれた天王寺砦の明智光秀《あけちみつひで》らを救出すべく、河内若江《かわちわかえ》城から天王寺砦までひた走った。『信長公記《しんちょうこうき》』によると、その時のルートは、家康が冬の陣、夏の陣の際に使ったルートに似て、一旦、南下して住吉《すみよし》方面から攻めたという。

そんな遠回りをしたのはなぜかを、走りながら考えてみたいのだ。

まず、天王寺の戦いの背景についてお話ししよう。

そもそも上洛当初、本願寺《ほんがんじ》も一向宗（浄土真宗）も信長に対して従順だった。しかし、元亀《げんき》元年（一五七〇）九月、本願寺宗主の顕如《けんにょ》は信長からの度重なる圧力に耐えきれなくなる。「ことごとく一揆起り候《そうら》え」と檄《げき》を飛ばすと、畿内中の門徒が沸き立つように蜂起した。

石山合戦の勃発である。

当時、今、大阪城がある場所に、本願寺の拠点があり、そこに顕如も居住していた。戦況は一進一退だったが、天正四年（一五七六）になると、甲斐《かい》の武田信玄《しんげん》（顕如の義兄でもある）は病死、近江の浅井長政《あざいながまさ》、越前《えちぜん》の朝倉義景《あさくらよしかげ》は滅亡、信長の拠点尾張の喉元に位する長島《ながしま》一向一揆も大虐殺によって文字通り全滅と、さしもの一向一揆も息をひそめていた。だが、備後《びんご》鞆《とも》の浦《うら》に亡命中の足利義昭《よしあき》が、吉川元春《きっかわもとはる》を通じて毛利輝元《てるもと》に幕府再興に尽力するように依頼するとともに、上杉謙信《けんしん》にも武田・北条《ほうじょう》と和睦《わぼく》し自身の上洛を助けるよう書状を出す。こうした動きと連動する形で顕如は再度蜂起。門徒たちは、石山本願寺に籠城した。

危機感を募らせた信長は、明智光秀、長岡《ながおか》（細川《ほそかわ》）藤孝《ふじたか》、原田直政《はらだなおまさ》、荒木村重《あらきむらしげ》、筒井順慶《つついじゅんけい》と切れるカードのほとんどを切って、本願寺を攻める。大坂北野田《きたのだ》、守口《もりぐち》・森河内《もりかわち》、天王寺に付城《つけじろ》を築き、北野田に荒木村重、守口・森河内に明智光秀、細川藤孝、天王寺には原田直政を籠らせた。

将棋でいえば詰みにも見える形勢だが、宗教勢力相手の戦いは読みにくい。彼らは町や村で、普段は平和な庶民として暮らしているが、ひとたび本願寺の梵鐘《ぼんしょう》が鳴り響くと、命知らずの狂信者となるからだ。

享禄《きょうろく》五年（一五三二）、三好長慶《みよしながよし》の父親、元長《もとなが》も対陣中、彼の威勢を恐れた主君の管領《かんれい》細川晴元《はるもと》が煽動《せんどう》した一向一揆に背後を襲われ、なすすべなく切腹する羽目に陥っている。天王寺の戦いの時もそうで、戦線の後方、あるいは味方のなかに突然敵があらわれた。本願寺攻めの総大将で、当時、新進気鋭の武将として、秀吉・光秀をしのぐ勢いだった原田直政は、西木津《にしきづ》の砦を攻めていた際、本願寺勢の思わぬ逆撃にあい戦死。

直政に替わって、光秀が籠っていた天王寺砦も、どこからかあらわれた雲霞《うんか》のごとき一向一揆衆に取り囲まれてしまう。一揆衆のほとんどは所詮、武士ではないので、一人ひとりはそこまで強くない。『信長公記』でも、本願寺門徒について「百姓等の儀に候間、物の数にて員ならず」と、その弱さを嘲《あざけ》った記述がある。

だが、何せ数が多いのである。元長が敗死した際も、一〇万もの一向衆に取り囲まれたという。

光秀も信長へ「五日、いやもうあと三日しか持たない」という悲鳴に似た書状を送っている。光秀も武士だから別に死ぬことはそう怖くなかっただろうが、一揆勢に敗れるのは別だった。戦闘のプロであるはずの武士が、素人《しろうと》の門徒に負けてしまうのは、大変不名誉なことだったからだ。信長の弟信興《のぶおき》も、長島の一向衆に攻められた際、一揆勢の手にかかることを恥じ、城の天守にのぼって切腹した。先の元長に至っては、一向衆の包囲する顕《けん》本寺《ぽんじ》で、腹を掻《か》き切ったのみならず、つかみ出した臓物を天井に投げつけるという凄惨な最期を遂げている。

「お前たちにこんな死に方はできまい」

というこことなのだろう。

光秀のSOSを受け取った信長は、織田家のみならず、武士の名誉のためにも、彼を救出する必要があったのだ。

軍学者のねつ造!?　石山合戦図

さて信長が辿ったルートだが、実は『信長公記』には、具体的な地名は、出発地点の河内若江城と、住吉、そして天王寺砦があるのみだ。他史書にも、具体的な道を示したものはなかった。

そこで、当初、著名な「石山合戦配陣図」（左ページ）を参考にしようと思っていた。研究書や一般書で紹介されていることも多いので、見知っている方もいるだろう。

だが、この図よく見ると色々変なのだ。特におかしいのは上町台地上の四天王寺の南北

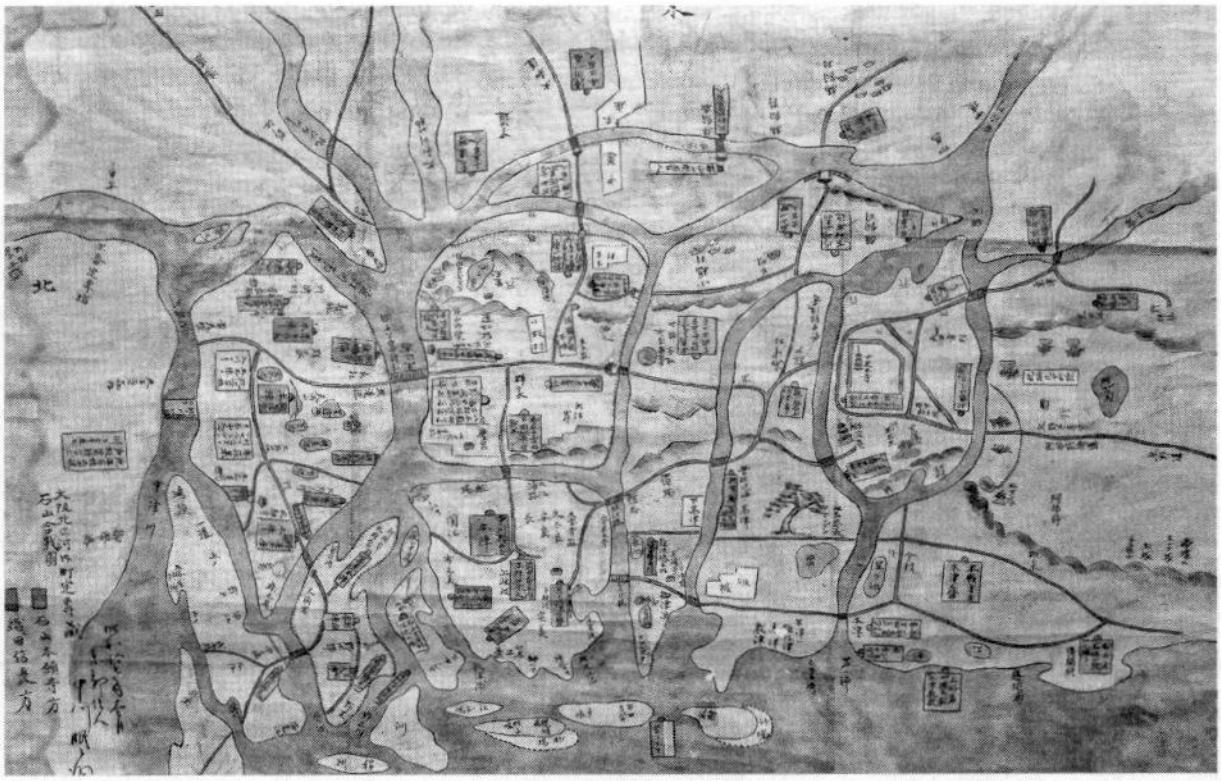
「石山合戦配陣図」(和歌山市立博物館蔵)

に謎の川が流れていることだ。

「高台の上町台地に、こんな川なかったはずだけどな?」

と思いながら、書籍をあさってみたが、なんの手がかりもない。困《こう》じ果てていたところ、ちょうど大阪市史を購入するため、大阪市史編纂所を訪ねる機会があった。質問してみると、親切にも「調べてみますね」と請け合ってくれた。

後日、電話が来て、

「これは、江戸時代の軍学者が作ったもので、ベースは当時世間に出回った浪速古図《なにわこず》です。川は『古事記』の堀江の記述や、和気清麻呂《わけのきよまろ》がつくろうとした運河を元に描かれているみたいですね」

大阪市史編纂所の方は、慎重に言葉を選んでいたが、要は空想で古代の大坂を再現した地図の上に、これまた空想で石山合戦の際の織田勢、本願寺勢の軍をプロットしたものなのだ。

というわけで、天王寺の戦いのルートについては、あまり記録がない。

仕方ないので『大阪市の旧街道と坂道』（旧街道等調査委員会編、大阪市土木技術協会、大阪都市協会）、『大阪府中世城館事典』（中西裕樹著、戎光祥出版）、大阪ウォーカー氏のブログ「大阪を歩こう」、そして大坂冬の陣、夏の陣で、家康が通った道を参考にしながら推定してみた。この点、前もって断っておく。

最初のロケハンは大失敗

スタート地点である河内若江城は、かつて河内国守護畠山《はたけやま》氏が居を構えた守護所だった。若江城は西に大和《やまと》川本流、東に大和川支流の玉櫛《たまぐし》川を望み、北には玉櫛川から分かれた菱江《ひしえ》川が流れている。これら河川は天然の堀となるとともに、水運の便を供し、攻めるも守るも有利な地勢となっていた。

さらに、畠山氏は河内街道と俊徳《しゅんとく》街道を城下で束ね、その結び目を中心に城下町を整備した。若江城は河内において水陸ともにもっとも重要な交通の要衝の一つだったのだ。

そのため、若江城は何度も戦の舞台となった。応仁《おうにん》の乱を勃発させた畠山義就《よしひろ》、政長《まさなが》が河内の覇を巡って争い、蓮如《れんにょ》が城下で布教し、三好家の勃興後は河内支配の重要な拠点となった。その後も、京を追放された足利義昭が落居してきたり、三好義継《よしつぐ》が天守で腹を十文字に掻き切ったり、一時的に一向衆に攻め落とされたり、それをまた織田方が取り返したりと、とにかく忙しい城である。

若江城跡の石碑

かつては、東西約一三〇メートル、南北約一五〇メートルの主郭を擁し、堀底に逆茂木《さかもぎ》を連ね、南には馬出《うまだし》も構えた立派な城だったようだが、今は過去の栄光もどこへやら、閑静な住宅街のなかで、ほんの小さな神社だけを名残に、静まりかえっている。

一〇月下旬のこの日、大阪の平均気温は二〇度前後と、絶好のランニング日和《びより》だった。神社に完走を祈願した後、走り出す。

少し東へ進むと、河内街道にぶつかるので、南へ折れ、まずは八尾《やお》を目指す。

枚方《ひらかた》と八尾を結ぶ河内街道は、道沿いに若江鏡《わかえかがみ》神社や木村重成《しげなり》像があり、大阪の下町の景色のなかにふと古くからの歴史が姿をあらわす楽しい道だ。

天王寺まで先は長いのでのんびり走りつつ……といっても、そもそもどう頑張ろうがスピードはそんなに出ないのだが……失敗したロケハンを思い出していた。

実は白状すると、はじめ信長は、若江城から天王寺砦まで、真っすぐ西へ最短距離で走ったと思っていた。まだ本書の企画が通るか通らないか分からない時期だったので、調査も生半可。なんのことはない。私も妻や石川重之のようなツーといってドン主義者だったのだ。

おあつらえむきに、河内若江城から、天王寺方面に向けては、俊徳街道という古道が東西に走っていたのも、私の誤解を深くした。大体八キロメートルの道のりで、それくらいならすぐ走れそうだったので、見切り発車でランしてみた。

結果、まったくトレーニングしてなかったので、八キロメートルでも案外しんどかった。

企画の先行きに暗たんたる気持ちを抱きつつ、自宅に帰ってからふと、

「そういえば、『信長公記』には天王寺の戦いについてどう書いてあったっけ？　解説書

ばかりで原書をちゃんと読んでなかったな」

そう思い、公記を読み返してみた。

すると、衝撃的な記述が目に飛び込んできたのである。

「五月七日、御馬を寄せられ、一万五千ばかりの御敵に、わずか三千ばかりにて打ち向わせられ、御人数三段に御備えなされ、住吉口より懸けさせられ候」

住吉口、住吉大社方面から天王寺砦に向かったのなら、俊徳街道とは方角がまるで違う。八キロメートル損した……その時は、そう思ったが、この無駄がなぜ、信長、そして家康が、上町台地を攻める際に、わざわざ南に遠回りしたかの謎を解く鍵になるのだった。

環濠都市、萱振

いまだ環濠《かんごう》の跡が残る萱振《かやふり》町に入った。といっても、環濠跡は注意してみないと気づかないようなささやかな溝である。私も気づかずに通り過ぎるところだった。

萱振の中心に位する恵光寺《えこうじ》は、蓮如の数多い子どものなかの一人によって開かれた。以来、この寺の住職をつとめるものは、大坂六人坊主の一人に数えられ、ずいぶん威勢がよかったらしい。信長の代では、織田方の若江城に対する付城の役割も果たすようになる。

この萱振を巡って信長と本願寺は取ったり取られたりの激しい争いを繰り広げている。天正二年（一五七四）、織田方の攻撃で一度陥落したようだが、翌年、信長が三好勢と戦った際には、再び一向衆が籠って、三好勢を助けている。信長もうるさく思っただろうが、この時は、萱振を無視して三好勢の籠る高屋《たかや》城に直接攻めかかったという。

天正四年の天王寺の戦いの時、萱振が本願寺方か織田方いずれの手にあったかは不明だが、信長が築いた付城の配置からいって、織田方の戦線はずいぶん進んでいたようである。萱振も支配下に置いていたものと思われ、信長は萱振の環濠集落の真ん中を駆け抜けていったたろう。

とはいえ、萱振の人たちが本願寺の熱心な支持者であることに変わりなく、天正八年（一五八〇）八月には、業《ごう》を煮やした信長に火を放たれ、恵光寺も萱振も焼け野原になっている。

河内音頭の発祥地？　八尾

河内街道をさらに南に進み、八尾駅近くで近鉄大阪線を越えると、ファミリーロードという昭和臭のする商店街が目に入った。入口付近の喫茶店には「絶品オムライス」という巨大な看板がかかっていて、往時の子どもたちの夢を、その時の勢いのまま訴えかけている。正直、大好きなタイプの商店街である。ラン中じゃなければ、喫茶店に入って、絶品オムライスとビールを頼みたいくらいだ。

こんなのどかなところにも、萌えキャラの侵略の手は伸びていて、アーケードの垂れ幕にアニメ調の女の子が描かれていた。「ようこそ！河内音頭発祥の地へ」という文言とともに、頭上から微笑みかけている。起源や発祥を主張するとたいてい厄介なことになる。まして河内音頭である。

「大丈夫かな？」

と心配になったが、商店街を進むと河内音頭記念館があり、さらに奥に行くと常光寺《じょうこうじ》があった。この寺のホームページによると、〝昭和初期に当地区の音頭取り有志が「流し節正調河内音頭」としてSPレコードに吹き込み、「河内音頭」と初めて表示して以来、流し音頭も一様に「河内音頭」と呼称されるようになりました〟ということらしい。

ランの時は通り過ぎてしまったが、同寺の境内には「河内最古之音頭発祥地碑」もある。ちなみに、これから行く平野の平野公園にもやっぱり河内音頭発祥の碑がある。

どちらの肩も持てないので、話を変えると、河内音頭といえば「河内十人斬り」である。

大阪に越してきて、初めて行った夏祭りでこの曲がかかっていて、血の匂いで鼻が詰まりそうな歌詞に呆然《ぼうぜん》としたことをよく覚えている。

明治二六年（一八九三）に実際に起きた連続殺人事件が典拠だが、今振り返ると、そうもてはやすような事件ではない。きっかけは、ばくち打ちの城戸熊太郎《きどくまたろう》というものが、松永《まつなが》某に妻を寝取られたことである。熊太郎は妻を離縁しようとしたが、強欲な義母から手切れ金を要求される。困った熊太郎は某の兄に金を貸していたことを思い出す。しかし取り立てに行くと、返り討ちにあい半殺しにされてしまった。女も金も取られ、男としてこれ以上にないほど、顔を潰された熊太郎は、舎弟の谷弥五郎《たにやごろう》とともに、自身の妻とその母を殺害。さらに、松永一家に討ち入りし総計十一人を撃ち殺す。その後、熊太郎と弥五郎は警察に追われ、金剛《こんごう》山系を逃げ惑った末、銃を口にくわえて自殺……とまぁ、凄惨ではあるが、突き詰めればヤクザ男のつまらぬ逆上、自棄《やけ》である。

ところが、この事件に当時の日本人、特に河内の人々は夢中になった。

河内音頭の拍子にあわせて事件を題材にして歌詞をつけるものまであらわれ、それが道《どう》頓堀《とんぼり》の中座《なかざ》にかかると、連日大入りになったという。

音頭のなかで、大量殺人犯はこう歌われる。

「男持つなら熊太郎弥五郎、十人殺して名を残す」

別に何か大義のためではなく、ただのやけのやんぱちで子どもも含む大勢の人間を手にかけた男に、ずいぶんな言葉だが、昔の日本人はそれだけ顔、面子《メンツ》を大事にし、潰されたら命を賭《と》してでも報復するのを尊いと思っていたのだろう。

信長は若江城を発つ際、「攻め殺させ候ては、都鄙《とひ》の口難《こうなん》、御無念」と言ったという。口難、要は外聞が悪く、面子がたたないというわけである。面子がたたなければ、周囲になめられる。なめられれば、いじめられ、女も金も名誉も命も奪われる。

戦国時代、また熊五郎の生きた明治時代、男が面子を失うのは、大変危険なことだった。後述するが、武田勝頼《かつより》は高天神《たかてんじん》城の味方を救えなかったために、面子を失い、ついには滅ぼされてしまった。

信長もその機微は痛いほど分かっている。

八尾には八尾城という城跡があり、諸説あるが常光寺もその縄張りに含まれていたという。本願寺との闘いが終わってから、信長はこの城を池田教正《のりまさ》に与え、河内支配の拠点とするが、天王寺の戦いの時、制圧下だったかどうかまでは分からない。

本願寺方だったなら、萱振に続いて敵性都市の真ん中を青筋立てて駆け抜けたことになり、なかなか悲壮である。三〇〇〇という寡兵《かへい》で、河内街道を駆ける信長の焦燥は、銃片手に松永一家に討ち入らんとする熊太郎、弥五郎のそれと同じだったのかもしれない。八尾は河内街道と住吉につながる八尾街道の結節点。信長はここで河内街道を捨て、八尾街道を西へ進路を取ったはずだ。

私も彼の足取りを追う。

焼けた久宝寺

八尾から一キロメートルほどで、久宝寺寺内町《きゅうほうじじないまち》に着く。長瀬《ながせ》川と平野川に挟まれた低地にあり、八尾街道が町内を東西に貫く、久宝寺は、綺麗《きれい》に道が区画されており、計画的につくられた町だということが一目で分かる。立ち並ぶ家々も古びて趣があり、走っていてなかなか気持ちがいい。もともと、この地には古くから真宗の寺があったが、蓮如が西《さい》証寺《しょうじ》を建立したことで、本願寺との縁はいよいよ深くなった。

ただ、一度この西証寺は焼亡したらしい。三好元長が犠牲になった、天文《てんぶん》元年（一五三二）の一向一揆の時のことである。この一揆は、元長を血祭にあげただけではおさまらず先鋭化。煽動した細川晴元の手も離れ、完全に制御不能となる。奈良では興福寺《こうふくじ》を襲い、菩提院《ぼだい》ら十七舎の坊舎が焼失。河内でも三好元長という名将を攻め滅ぼしたことに自信を持った一揆衆が我が物顔で横行、荘園領主や武家の国人衆といった既成の支配階級に激しく挑戦する。

実はこの時、本願寺の宗主である証如《しょうにょ》は十七歳と若く、到底この蜂起を指導できるような力はなかった。むしろ、晴元から一揆をそそのかされた時も消極的で、泣く泣くといった感じで従っている。

そのため、天文元年の一向一揆は、多分に下層の門徒による暴発という要素が強い。畿内各地をゴジラのように荒らしまわる一揆に対し、脅威を覚えた晴元は何を血迷ったのか、今度は日蓮宗の法華《ほっけ》一揆をぶつけようとする。夷《い》をもって夷を制すならぬ、一揆をもって一揆を制す政策だが、天下の傷口は広がり、民衆にさらなる流血を強《し》いた。

法華衆の幹部は、京都の土倉《どそう》などの高利貸が多く、徳政を主張する土一揆が一向一揆と結ぶことを恐れていた。なんといっても、当時の一向一揆の勢いは凄まじく、公家鷲尾隆康《わしのおたかやす》の日記に、

「風聞の如くんば、天下は一揆の世たるべしと云々」

とあるほどだ。もし一向一揆がこのまま京都になだれ込むことになったら、土倉たちは

身の破滅である。既得権益を奪われることを恐れた法華衆は、宗教的情熱も燃料にして、一向一揆衆に襲い掛かる。山崎《やまざき》へ進出しようとした一向一揆衆を西岡《にしおか》で撃破すると、返す刀で当時の本願寺の本拠である山科《やましな》本願寺を攻めた。

この時、攻め手には、本能寺などの京都の有力寺社、近江の延暦寺《えんりゃくじ》、将軍足利義晴《よしはる》、近江守護六角定頼《ろっかくさだより》なども加わっていたという。当時の支配層がいかに一向一揆に脅威を感じていたかが分かる。

さすがの本願寺も、これにはひとたまりもなく「寺中広大無辺、荘厳ただ仏国のごとし」と謳《うた》われた山科寺内町は灰燼《かいじん》に帰す。証如は命からがら石山に逃亡。以後、上町台地北端が本願寺の本拠となる。

攻勢に転じた晴元たちは、一向一揆に対して苛烈極まりない攻撃を加える。北摂一帯の道場・寺内町はしらみ潰しに放火、劫略《ごうりゃく》されたようである。西証寺が焼けたのもこの時のことだろう。

だが、後に顕証寺《けんしょうじ》として再建。この頃から、同寺を中心に土壁を巡らし、堀を構えて、寺内町としての整備が進んでいった。戦火から町を復活させた門徒たちは信長という、晴元以上の災厄をどう思っていただろうか？　寺内町に残った門徒たちの、織田勢へのスタンスが端的に分かるエピソードが『陰徳太平記《いんとくたいへいき》』に載っている。それによれば、家族への後難を恐れて石山本願寺に籠城できなかった門徒たちは、自分たちのところに、合戦に敗れた織田軍の兵士が逃れてくると、棒や竹竿《たけざお》、鎌、斧《おの》といった得物《えもの》で襲い掛かったというのだ。

先述した通り、一向一揆は、本願寺宗主という上からの指示だけでなく、底辺の門徒たちの下からの突き上げで発生した側面もある。この町だけでなく、河内の住民のほとんどは大坂に志を寄せ、形勢が少しでも本願寺方に傾けば、織田家に叛《そむ》こうと思っていた。そうした者たちへの示威のためにも、信長は自身が一向一揆をまったく恐れていないことを、彼らの肉眼に自身の姿を焼き付けることで示さなくてはならなかった。

『信長公記』によると、この時、信長は湯帷子《ゆかたびら》を着ただけの軽装であったという。

商人の街、平野

平野川を過ぎると、旧国名の区分でいうと河内から摂津《せっつ》に入る。

若江城からここまでで大体八キロメートル。まだまだ先は長い。

平野は摂津・河内の国境に位するとともに、河内の諸街道が集まる要地で、往時は堺《さかい》に勝るとも劣らぬ富強な自治都市だった。だが、富と交通の便の良さが、この街を何度も戦火に巻き込んだ。戦国時代のはじめには、細川氏・三好氏の争いの舞台となり、信長の上洛後は織田軍の行軍に何度も踏み荒らされた。豊臣秀吉が天下を取った後も災難は続き、商人たちが大坂城の城下町に強制的に連れ去られたかと思えば、大坂の陣の戦火に巻き込まれ焼け野原となる。

なんだか焼けた焼けたばかり言っていて、自分でも嫌になってくるが、河内・摂津は京都・奈良に近いうえ、四方交通が発達し、富裕な都市でひしめいている。それだけに、幕府、大名、国人、一向一揆衆といった諸勢力が相争い、灰神楽《はいかぐら》の立つような騒ぎがずっと続いていた。

こうした過酷な歴史が平野の人々に高い防衛意識を植え付けた。戦国時代には、土居《どい》（土塁）と堀を巡らし、竹木を植え、遠見櫓《とおみやぐら》をいくつも備えた城塞都市だったという。平野はもともと、坂上田村麻呂《さかのうえのたむらまろ》の次男広野麻呂《ひろのまろ》の荘園からはじまっており、萱振や、久宝寺といった新興の寺内町などより歴史はよほど古い。もちろん、本願寺への義理はない。

天王寺の戦いの六年前の元亀元年（一五七〇）、平野郷は信長から市津《いちつ》料・陣夫《じんぷ》の赦免、徳政免許等をうけているので、信長の支配下にあったようだ。町の人には迷惑だっただろうが、信長もここはやや安心して通り過ぎることができただろう。

環濠の跡が残る平野公園を過ぎ、しばらく行くと商店街に入る。八尾のフラワーロードに続いて、商店街好きの私にはうれしい。商店街の衰退が叫ばれるなか、行き交う人の表情は明るく、お店の人の「いらっしゃい」にも活気がある。

大坂の陣で一度焼亡した後、平野は不死鳥のように復活し、河内の名産である綿花の集積地として再び栄える。今でも、その照り映えはこの街に残っていて、格闘ゲームで有名なカプコンや、歯磨き粉のサンスターは、ここが発祥の地である。

信長と本願寺の争いは、正親町《おおぎまち》天皇の勅命講和という形で終結するが、その際、坂上広野麻呂の子孫にあたる末吉勘兵衛利方《すえよしかんべえとしかた》という平野の豪商が、裏方として尽力したという。

商人の街としての誇りは、確かにこの街に息づいているようだった。

住吉大社

針中野《はりなかの》付近で八尾街道は南へ折れる。

ここで八尾街道を捨てて北上し、桑津《くわづ》を経て直接天王寺表に出ようとしたのが、大坂夏の陣の時の家康である。

一方の信長は遠回りでも住吉に向かったわけで、二人の英雄の資質を比較するうえで、なかなか面白い。案外、家康の方が、気が短かったのかもしれない。

長居《ながい》公園近くから住宅街の間を抜ける住吉街道を取る。この辺りに昔住んでいたので、よく見知っている道なのだが、改めて調べたら歴史ある街道で驚いた。のどかな大阪の下町の景色に、通っていた銭湯や、居酒屋が姿をあらわす。ひと風呂浴びて、さて一杯といきたいところだが、まだ上町台地の端っこに取りついたばかりである。行きつけだった店のいくつかがなくなっている光景に胸を痛めながら、信長の為した悪名高い残虐行為の数々について考えていた。

比叡山焼き討ち、上京《かみぎょう》焼き討ち、そして越前一向一揆殲滅《せんめつ》、長島一向一揆虐殺。

かつて、これらの行為は、信長個人のパーソナリティから来るものと解釈されることが多かった。上京焼き討ちなら足利幕府を打破する革新児としての姿、比叡山焼き討ち、越前一向一揆殲滅、長島一向一揆虐殺なら、神仏を信じない、近代合理主義にもつながる無神論者としての姿がフォーカスされた。彼の性癖、異常な残忍性のせいだとされることもあったようである。だが、近年の研究で、そうした解釈は否定されつつある。

では、なぜ信長がそうした残虐行為をしたかというと、その理由は、

「顔を潰す」

である。

当時、将軍であれ、大名であれ、寺社であれ、領主は領民の安全を確保する義務があった。なんら、生産活動に寄与しない寄生虫が、搾取の特権を主張できるのは、安全保障を担保しているからこそ。逆に言えば、領民を守れない者は、領主失格。それを手っ取り早く突き付けられるのが「皆殺し」なのである。これは近世ではなく、中世を支配したルールだ。私は、信長のことを革新児ではなく、中世の最後にあらわれた、究極の中世人だと思っている。彼は朝廷も幕府も宗教も否定していなかった。ただ、それぞれに、あるべき姿を求めただけである。

占星術師が星座に美しさを見出《みいだ》すように、信長も中世的な価値と秩序に美しさを感じていた。彼は己の愛する星座通りに、すべてのものを並べ、配置しようとしていた。彼の目から見れば、足利義昭は将軍失格だったし、延暦寺・本願寺も宗教家として失格だった。彼らの顔を潰し、その領主としての資格を否定するために、信長は残虐行為に手を染めたのだ。

神田千里氏は『信長と石山合戦』（吉川弘文館）のなかで、信長のジェノサイドを〝その

「問答無用」風な外見とはうらはらに、優れて政治的な、そして誰よりも一般民衆に向けられたメッセージ〟と評している。

信長が直接手を下したわけではないが、天正九年（一五八一）の高天神城の戦いも、信長の武田氏支配下の住民に対するアピールだったと思っていいだろう。攻囲中の家康が、高天神城勢の降伏の申し出を取り次ぐと、信長は決して許すなと厳命している。

結果、岡部元信《おかべもとのぶ》をはじめとする籠城衆は全滅。援軍に行かず、味方を見殺しにした勝頼の声望は地に落ちた。

以後、木曾《きそ》をはじめ勢力下の大名・国人の離反が相次ぎ、信玄以来の武田帝国も瞬《また》く間に瓦解する。高天神城の落城は、勝頼に対する、事実上の破産宣告だったのだ。

しかし、天王寺の戦いにおいては、信長が領主としての資質を逆に問われる立場にあった。もし天王寺砦に籠る光秀たちを救えず、一向一揆衆の殺戮《さつりく》に任せるようなことがあれば、信長が失格の烙印《らくいん》を押されるのである。

さて、いよいよ住吉大社が見えてきた。辺りは門前町の雰囲気をほのかに残し、のんびりした時間が流れている。だいぶ疲れてきたが、あとは熊野街道をひたすら北に進めば、目的地の天王寺砦。もう一息だ。

熊野街道

熊野街道はおおむねチンチン電車の阪堺《はんかい》電軌上町《うえまち》線沿いだが、時折、住宅街のなかの小道や、万代《ばんだい》池公園沿いに寄り道しながら北へ北へと伸びている。昔ながらのチンチン電車が走り、道筋には老人がモーニングサービスを楽しむ喫茶店が並ぶ、静かな道だ。

だが、かつては熊野詣の旅人が引きも切らず、その様子が蟻《あり》の行列に似ていることから、「蟻の熊野詣」と呼ばれる、この国第一等の幹線道路だった。上町台地を南北に貫く主要道でもあるため、大坂の陣の際、東軍の大軍で真っ黒に埋め尽くされたというのは、第一章で述べた通りだ。渋滞で家康は癇癪《かんしゃく》を起こすのだが、信長は三〇〇〇の寡兵である。軽快に飛ばすことができただろう。

熊野街道の道標

ちなみに熊野街道には写真のような道標が間隔を置いて立てられ、阿倍王子《あべおうじ》神社や、安倍晴《あべのせい》明《めい》神社といった分かりやすいモニュメントもある。

古道のなかには、なんの目印もなく「本当に合っているの？」と不安になるものも多いので、これはありがたい。

目印といえば、熊野街道を走っている間、ずっとあべのハルカスが視界をデカデカと占めていた。あとどれくらいか、ハルカスの大きさでめどがつくので便利は便利なのだが、あまり情緒がないような気もする。『三河物語』で、熊野街道を進軍する大久保彦左衛門《ひこざえもん》は、茶臼山《ちゃうすやま》を基準に同輩に指示を出していたので、かつて、あべのハルカスと似た役割を果たしていたのは、茶臼山だっただろう。今は、立ち並ぶビルに阻まれ、片鱗を望むことすらできないが、天王寺の戦いの時も、信長は茶臼山を睨《にら》みながら走ったのかもしれない。

遠回りの理由

あべのハルカスを過ぎ、天王寺公園の脇を少し進むと、道は急に下り坂になる。第一章でクローズアップした「和気清麻呂《わけのきよまろ》の運河跡」である。真田信繁《のぶしげ》が頼みにした天然の防壁を、今度は攻め手の立場から体験することになる。

走行距離が大体二〇キロメートルを超えてきたところで、この高低差はなかなかきつい。ひいひい言いながら駆け下り、そしてまた駆けあがる。

やっと坂を越えたところで見えてくるのが堀越《ほりこし》神社である。堀越神社の堀は神社の南にあった小さな堀のことで、厳密には「和気清麻呂の運河跡」のことではない。だが、江戸幕府の首脳はこの神社の名に、大坂の陣で家康が九死に一生を得た天然の堀との因縁を見出したようだ。陣後、茶臼山山頂の稲荷社を境内に遷座し、江戸時代の間、大坂城代が新たに任に就くと、この神社に詣《もう》で幣帛《へいはく》を奉り、灯籠《とうろう》を献じるのを慣例とした。家康の幸運を嘉《よみ》し、この堀で死んだ敵味方の無数の死者の霊を慰めるためだったのだろう。

堀を越えても、まだゴールではない。もう少し走らなくてはならない。

酸欠でくらくらしながら、ふと信長の本願寺攻めは性急すぎたんじゃなかろうかと思った。この後、籠城戦は五年も続くわけで、一向一揆の勢いはまだまだ衰えていなかったのだ。天王寺砦は運河跡の向こうではなく、手前、あべのハルカスの辺りに築いた方が安全だったかもしれない。

原田直政の戦死を聞いた際、信長は内心一向一揆衆の実力を見誤っていたことを痛感したのではなかろうか。だが、上に立つものが自身のミスを認めるわけにはいかない。また「顔」の問題が出てくるのである。

原田一族が直政の死後、過酷な粛清にあうのも、石山合戦を主導した佐久間信盛《のぶもり》が講和後追放されるのも、信長が自身のミスを糊塗《こと》するためだったのかもしれない。

高低差といえば、スマートウォッチのログを見かえすと、河内若江城からここまで約四八メートルをのぼっていた。大体、ビル十三階分である。

だが、和気清麻呂の運河跡に出くわすまでは、これといった坂を走った印象が正直なかった。気づいたら上町台地上にいた感じである。長い距離をかけて、ゆるやかにのぼっていたからだろう。

これが、若江城から最短距離の俊徳街道を使って、天王寺砦に向かうと印象がまるで違う。写真は、若江城から俊徳街道を主に使って、天王寺砦に向かった時のものである。上町台地東崖の烏《からす》ヶ辻《つじ》から桃谷《ももだに》を見下ろすアングルで、写真だとちょっと分かりにくいが、急な坂道になっている。当時は道もろくに整備されていなかっただろうからほぼ崖で、強攻したら相当の犠牲を伴ったに違いない。

信長も家康も、それを恐れ、かなり遠回りでも住吉に出ることを選んだのである。


せっかく、助けてやったのに……

天王寺砦跡といわれる、月江寺《げっこうじ》に着いた時は、さすがに疲れて門前でへたり込んだ。

烏ヶ辻から桃谷を見下ろす

スマートウォッチのログを見ると、二二・七八キロメートルだった。

桶狭間といい、信長はずいぶん、部下を走らせる大将である。

感覚的な話で申し訳ないが、各地の古戦場を駆け巡った経験から言うと、いざ今日決戦という時、彼我《ひが》の距離は十五キロメートル以内におさまっていることが多い。それ以上だと、行軍だけで消耗してしまうからだ。

だが、信長は好機と見たら、十五キロメートル以上でもお構いなく長駆急襲している。それで数々の勝利をおさめているので、得意技にしていたのだろう。

この時も、本願寺側は虚をつかれる形になった。それでも、一万五〇〇〇と織田勢の五倍はいた一揆勢は数千丁の鉄砲を使って、激しく抵抗する。だが、信長は足に銃弾を受けながらも、そちこちを駆け回り、果敢に陣頭指揮を執る。

その気迫に切り崩され、一揆衆はついに道を開けた。

信長は砦に駆けこみ光秀たちと合流したが、一揆勢は大軍を頼んで引かず、しきりに挑発してくる。

「ここまで詰め寄ることができたのは天《てん》の配剤《はいざい》」

信長は部将たちの制止を振り切り、陣を二段に分けると、砦を飛び出した。

天王寺砦跡とされる月江寺

こうなるとやっぱり一揆勢はアマチュアである。火を噴くような織田勢の攻撃にもろくも崩れた。

信長は一切容赦せず、さらに一揆衆を追い立て追い立て、ついには石山本願寺の木戸口まで押し込んだところでようやく満足した。この日、織田軍は首級《しゅきゅう》を二七〇〇もあげたという。

信長とその軍勢は、約二三キロメートル、標高差四八メートルを走破したうえに、二度も会戦したわけである。天下を取っただけに、その精強さはやはり凄い。

ところで、この時、救われた光秀と信長の間に、何か会話はあったのだろうか？

君主を信じて絶望的な防衛戦を耐え抜いた臣下、臣下の窮地に寡兵で負傷しながらも駆けつけた君主。下に忠義あれば、上に仁慈あり。その絆は劉備《りゅうび》・孔明《こうめい》の水魚の交わりにもたとうべき。光秀が「上様、かたじけない」と言えば、信長「いやさ、そちこそ何者にも勝る宝ぞ」しっかと握手を交わした二人は、まさに千載に残すべき君臣の鑑《かがみ》なり。

……と書きたいところだが、史書には別になんの記録もない。そもそも、本能寺の変はこの六年後である。

考えてみれば、信長が引き連れた援軍のなかには松永久秀《ひさひで》もいる。彼は翌年、信貴山《しぎさん》城で叛旗《はんき》を翻し、名器・古天明平蜘蛛《こてんみょうひらぐも》とともに、フィクション上だと爆死した。

二〇キロメートルを超す長駆、負傷をおしての二度の突撃と、ずいぶん働いた割に、信長は光秀と久秀、二人の重臣の心を陥落させることはできなかった。

信長は生涯のなかで、様々な人に裏切られ、その度にふいにおもちゃを取り上げられた子どものように目を剝《む》いて驚いているが、どうも人とのコミュニケーションのうえで、何か致命的なものを抱えていた人だったような気がしてならない。

私が彼に対して惜しむとともに、親近感も湧く点である。

月江寺はビルの谷間にあるため日陰で汗が引いてきた。

大阪城まで走ろうかとも思ったが、やめておいた。疲れたのである。天下人とその軍に比べたら、やはり私はまだまだヤワである。

谷町線四天王寺前夕陽ヶ丘駅へと向かう途中、ふと大阪城の方を見やると、大汗をかきながら駆け去る信長の幻を見た気がした。湯帷子で足を負傷し、両脇に明智光秀と松永久秀、二人の叛将《はんしょう》を引き連れている。

私は心のなかで、

「あなたもずいぶん骨を折ったものですが、結局、くたびれもうけだったのかもしれませんね」

そう呟《つぶや》いた。

第四章　桶狭間の戦い

桶狭間の戦い　ルート地図

奇跡のジャイアントキリング、桶狭間

「おぉ、見えた、見えた」

令和二年秋、もう名古屋駅も間近となった東海道新幹線上りの車内で私はそう独《ひと》り言《ご》ちた。

窓から見えるのは清洲《きよす》城天守閣。しかし、この天守閣は、平成元年（一九八九）に再建された模擬天守である。なので、特に見たかったわけではない。それがなぜ、見逃すまいと窓にかじりついていたかというと、実は、江戸時代、清洲城の天守があったのは、上りの新幹線の窓から模擬天守が真正面に見えた時、自分が座っているまさにその位置なのである。

「今、僕は清洲城の天守に座っているわけだ」

そう一人で悦に入りたかったわけだが、隣の席の人は中年のおっさんが窓を見ながらニヤニヤ笑っていて、さぞかし気持ち悪かったと思う。この場を借りてお詫びしたい。

さて、清洲城で分かった方も多いだろうが、今回のテーマは永禄《えいろく》三年（一五六〇）五月十九日に起きた桶狭間《おけはざま》の戦い。二七歳の織田信長《のぶなが》が、海道一の弓取りとその武名を謳《うた》われ、

年齢も四二歳と男盛りだった今川義元《よしもと》を奇襲でもって破り敗死させた戦いである。

この時、義元は駿府《すんぷ》、遠江《とおとうみ》、三河《みかわ》の三か国を版図《はんと》におさめ、その石高は一〇〇万石にのぼった（『日本戦史　桶狭間役』参謀本部第四部編纂）。家格からいっても今川氏は、将軍足利家の親族で、「御所（足利将軍家）が絶えなば吉良《きら》が継ぎ、吉良が絶えなば今川が継ぐ」と謳われた名門中の名門である。朝廷の官位は従四位下治部大輔《じぶのたいふ》にのぼり、室町幕府からは駿河守護、遠江守護を任されていた。さらに、桶狭間の戦いの直前、三河守《みかわのかみ》に叙されている。駿河守護、遠江守護とあわせて考えれば、名実ともに駿遠三《すんえんさん》の三か国の王になったことになる。おまけに、三河守は征夷《せいい》大将軍になる前、足利尊氏《たかうじ》もついていた役職である。地位、名声、家柄、実力、兵力、どの切り口から見ても、日本最強の大名の一人なのは間違いなかった。

一方の信長は、父信秀《のぶひで》の跡を襲ってから八年が過ぎていたが、前年にやっと尾張《おわり》を統一できたばかり。その支配はまだまだ生硬《せいこう》だった。朝廷の官位も幕府の役職もなく、上総介《かずさのすけ》の名乗りは勝手に名乗っているだけである。だから、この頃の信長は公式にはただの三郎なのであった。

さらに、家督を継いで以来、義元とは小競り合いを繰り広げていたが、戦場はたいてい

清洲城
名古屋平地
熱田社
大喜
井戸田
伊勢湾
丹下砦
善照寺砦
鳴海城
中島砦
沓掛城
鷲津砦
丸根砦
鎌倉街道
大高城
桶狭間
東浦街道
大高道
大浜街道
東海道

図1　桶狭間の戦い要図

尾張国内で、弘治《こうじ》三年（一五五七）には戸部《とべ》城主・戸部政直《まさなお》が調略され、さらに永禄二年（一五五九）鳴海《なるみ》城主山口教継《やまぐちのりつぐ》、教吉《のりよし》父子も今川方に鞍替えする。武勇の人だが性質があざといと評されていた教継は、毒を喰らわば皿までと、裏切りの手土産に大高《おおだか》城を調略、さらに沓掛《くつかけ》城の城主まで調略してしまう。この裏切りは信長からしたら喉元に短剣を突き付けられたも同然だった。

『信長公記《しんちょうこうき》』は、沓掛、鳴海、大高城について、鼎《かなえ》の三本足のような位置にあると言っているが、そのような平面的な解説では事の重要さが伝わらない。

義元が、駿河・三河方面から濃尾《のうび》平野へ侵入しようとする際に、最大の障壁となるのは尾張丘陵である。沓掛はこの尾張丘陵の東側の麓《ふもと》にあり、複数の街道が交差する交通の要衝だった。沓掛から尾張丘陵越えで、濃尾平野へ入る道は三つある。北から順に言うとまず鎌倉街道、南へ東浦《ひがしうら》街道を経て東海道、同じく東浦街道を経て大高道だ。そして、東海道の濃尾平野側の出口を扼《やく》する位置にあるのが鳴海城、大高道の出口をふさぐ位置にあるのが大高城だった〔**図1**〕。

つまり、対今川における最重要の防壁の関門の鍵が、入口・出口ともに敵側に渡ってしまったのだ。

信長も黙って見ていたわけではなく、鳴海城には丹下《たんげ》砦、善照寺《ぜんしょうじ》砦、中島《なかじま》砦という付《つけ》城《じろ》を築き、さらに、鳴海城と大高城間を鷲津《わしづ》砦、丸根《まるね》砦を構えて遮断する。

義元はこうした信長の動きを小うるさく思い、鳴海城と大高城の包囲を解いたうえで、尾張を支配下におさめようと軍を発したのだ。

信長は地位、名声、家柄、実力、兵力、どの切り口から見ても格下だったうえ、戦況は圧倒的に不利。おまけに兵力は諸説あるが、義元が二万五〇〇〇と圧倒的大軍なのに対し、信長は二〇〇〇にも満たない数だった。

しかし、そうした不利な条件すべてをひっくり返して信長は勝った。

このジャイアントキリングで、彼の武名は天下に鳴り響き、天下統一への長い階梯《かいてい》の初めの段に足をかけることになった。

なぜ、そんなことができたのか？

それを解き明かすのが今回のランのテーマである。

新幹線はあっという間に、清洲城前を通り過ぎ、名古屋駅に着く。

駅に着いたら、さっそく走り出す……わけではなく、まずその日はホテルに一泊した。

清洲城天守

おっさんは一日ワンアクションしかできないのである。

翌日は早起きして、名古屋から東海道本線で清洲駅に向かう。

模擬天守から五条川を挟んで向かいの清洲公園が、今回のスタート地点。ここから、桶狭間古戦場公園を目指す。準備運動がてら、公園内を散歩し、信長と正室お濃《のう》の方の銅像も見学した後、私は対岸の模擬天守へ向かって走り出した。

開けっ広げな清洲の町

五条川に架かる大手橋を渡り、大手門をくぐると、もういきなり本丸だった。

こう言ってはなんだかあまり感興が湧かない

城だ。

そもそもバブル時代に再建されたものだということもあるが、周囲と比高があまり変わらず、目立った防御施設もないので、城につきものの張り詰めた緊張感がない。

信長時代の清洲城の詳細はよく分かっていないようだが、『信長徹底解読』（堀新・井上泰至編、文学通信）で発掘調査の成果が紹介されている。

それによれば、模擬天守と同じ五条川東岸に方形居館《ほうけいきょかん》が築かれ、その周囲を小規模な武家屋敷群が囲んでいたという。町屋と思われる短冊形地割も出現したというので、ささやかながら城下町らしきものが形成されていたのかもしれない。ただ、『信長公記』では清洲の町が総構《そうがまえ》で囲われていたと記されているが、その遺構は確認されていないそうである。


さて、ここで、桶狭間の戦いに至る過程を整理しよう。

まず開戦二日前の五月十七日、義元が駿遠三、三か国の軍を率いて沓掛に着陣。十八日、今川方先鋒の松平元康《まつだいらもとやす》、後の徳川家康《いえやす》が、大高道から尾張丘陵を越え、救援を求めていた大高城に兵糧を入れる。同日夕刻、丸根・鷲津砦にこもる佐久間盛重《もりしげ》、織田秀敏《ひでとし》が、信長に「大高城に兵糧が補給されました。明日、十九日朝、潮が満ち援軍が来れない頃に、当砦への攻撃をはじめるのが必定と思われます」という急報を告げる。

これを受けて、清洲城内で家老衆との評定《ひょうじょう》が開かれたが、小瀬甫庵《おぜほあん》『信長記』によれば、桶狭間前夜、宿老の林貞秀《はやしさだひで》は「此の城の節所《せっしょ》へ引き請け、合戦に及び候はゞ宜《よろ》しかりなんと」と清洲城に籠城することを進言したという。

だが、正直、この辺りの地形はあまりに開けっ広げで、どう堀を巡らし、どう土居《どい》をかき上げようが、節所（要害）なんてつくれそうにない。『信長公記』だと前夜の、家老衆と信長の評定では出撃・籠城いずれにせよ作戦の話題は出ず、雑談だけに終始したという。出撃か籠城か方針を聞きたかった家老衆はいらだち「運の尽きる時は知恵の鏡もくもるものらしい」と嘲笑しながら立ち去った。

しかし、この清洲城と周辺の地勢から案ずると、信長は最初から、籠城策なんて考えていなかったのではないだろうか。情報が漏洩《ろうえい》することを恐れて、何も言わなかったものと思われる。

翌十九日の夜明け方、再び、盛重、秀敏から、すでに鷲津砦、丸根砦が今川方の攻撃を受けているという報告が届く。この報を受けて初めて信長は立ち上がるのだが、以後の彼の行動は、まさに疾風迅雷《しっぷうじんらい》である。

「人間五十年、下天《げてん》のうちをくらぶれば、夢幻のごとくなり。ひとたび生を享《う》けて、滅せぬ者のあるべきか」

敦盛《あつもり》を舞い終えると、鎧《よろい》をつけ、立ったままで慌ただしく食事をすませ、兜《かぶと》をかぶって出陣した。あまりに急な出立に、付き従うのはわずかなお小姓衆《こしょうしゅう》ばかり、主従以下たった六騎だったという。

広いなぁ、山がないなぁの美濃路

清洲城を過ぎた後は、美濃路《みの》に向かう。

清洲城から熱田《あつた》神宮までどのようなルートを使ったか、『信長公記』には書かれていないのだが、旧美濃路沿いの榎白山《えのきはくさん》神社、日置《ひおき》神社、法持寺《ほうじじ》に途中信長が立ち寄ったという伝承が残っているのでそれに従う。

美濃路はその名の通り、尾張と美濃を結ぶ街道（脇往還）であるが、それだけでなく清洲、名古屋、熱田と尾張国内の主要拠点を縦貫する道でもある。

正式に整備されたのは江戸時代になってからだが、古代にはすでに原型があり、熱田から桑名《くわな》までは海上だった東海道を補完する、いわばもう一つの陸の東海道だった。

信長は奇《く》しくも、東日本と西日本を結ぶ、大動脈を使って戦場に向かったことになる。

清須《きよす》市では、美濃路の伝承を保存し、観光資源として活《い》かそうともしているようで、道沿いの景観はかつての面影をよく残しているようだった。厄除《やくよ》けの祠《ほこら》を屋根上に祀《まつ》った屋根神様、店舗空間を広く取るために柱ではなく十字に渡した梁《はり》で屋根を支える尾張型町家、そして紋所が記された巨大な山車《だし》蔵など、物珍しい景色が続く。

ただ、これらの景色は江戸時代を忍ばせることはできても、戦国時代までさかのぼることはできないようだった。信長が十九日の早朝に走った道はもっと殺風景なものだったと思われる。

走っていて感じたのは、「広いなぁ、山がないなぁ」ということだった。

宮崎で生まれ、大阪に仕事で出てきてからずっとそこで暮らしている私は、視界を山で区切ってもらわないとなんとも落ち着かない。

これは私の持論というか、なんの裏付けもない偏見だが、人間がその土地に愛着を感じるには、山や丘といったフック、でっぱりがないといけないのではなかろうか。濃尾平野より何十倍も広い、モンゴル高原をチンギス・ハーンに従って駆け巡ったモンゴル人も、ブルカン・カルドゥンという山を聖地にしていた。

信長は人並みの郷土愛がない人であったように思う。その生涯で何度も拠点を変え、変えた後は、古巣を見返りもしなかった。信玄《しんげん》や謙信《けんしん》が近隣諸国を次々に劫掠《ごうりゃく》しても、腹がくちくなったら、ねぐらへ帰るヒグマのように、甲斐《かい》や越後《えちご》へ帰ったのと対照的である。

清洲だけでなく、全体に濃尾平野は吹きっさらしで守りにくい。

信秀は息子信長に「必ず国の境を踏み越え合戦すべし」と言い残したらしいが、家訓というより悲鳴だろう。身を守るべき防壁がほとんどない土地に生まれ落ちたため、生き残るためには一歩も二歩も先手を打って前に出て、出会う敵すべてを叩きのめさなくてはならない。

信長に特異な点があるとしたら、彼自身の個性よりも、生まれ落ちた濃尾平野の特徴によるものの方が多いのかもしれない。

海の底だった名古屋

途中、信長が戦勝祈願に立ち寄ったという榎白山神社に参拝する。

神社には美濃路について書かれた説明板があった。信長は若かりし頃、神社前を通る美濃路を使って、那古屋《なごや》・清洲間を行き交っていたという。信長にとっては、終生忘れることのできない青春の道だったのかもしれない。

神域内の神馬《しんめ》の銅像も見物した後、美濃路を東に、那古屋城、熱田神宮がある熱田台地へ向かう。

堀川にぶつかり、名古屋城が見えてきた辺りで右に折れ、熱田台地の西麓を南下。

熱田台地は、大坂夏の陣の章で紹介した上町《うえまち》台地に似ていると思う。同じく沖積《ちゅうせき》平野を見下ろす台地で、北端に城（那古野城）があり、南端に港としての役割もある神社（熱田神宮）がある。

この共通点に徳川家康は気づいたらしい。九男義直《よしなお》を尾張に封建するにあたり、信長が岐阜《ぎふ》へ去って以来、打ち捨てられていた那古野城を整備して名古屋城とし、洪水の害が多い清洲から尾張の首邑《しゅゆう》をこの地に移した。この時、清洲の商人たちも移住させられたという。

台地の北端にもともとあった城跡を再利用して巨大城塞を築き、その足元に既存の商人街を移住させるという政策は、秀吉が上町台地でやったのと同じである。秀吉は大坂城を築くと、城下町を作るために、城下に平野《ひらの》（一三九〜一四〇ページ参照）の商人たちを強制的に引っ越しさせている。

家康は信長・秀吉と比べたら独創性にはやや劣った。しかし、それだけに先輩たちのやることをよく見て、真似るのがうまかった。名古屋でもあっけらかんと、秀吉の政策をぱくったようである。

家康のおかげで、私が走ってきた清洲には目立ったビルはほとんどないが、台地上には高層ビルがびっしり並んでいる。

大須《おおす》通りに差し掛かったあたりで、東に折れ、熱田台地上にのぼる。

この辺りの雰囲気は、上町台地麓の天王寺《てんのうじ》動物園付近から、一心寺《いっしんじ》、真田信繁《のぶしげ》戦死の地という伝承の残る安居《やすい》神社前を通って、台地上の四天王寺前にのぼる感じに似ている。

熱田台地にのぼったら、西大須で南に折れ、日置神社へと向かう。

信長はここにも立ち寄って戦勝を祈願したという。

一昔前は、その革新性を強調されるあまり、無神論者と言われることも多かった信長だが、中世人として人並みの信仰心は持っていた。合戦後は、お礼のため律儀に松樹一〇〇〇本を植えたという。

ただ、訪ねてみての感想だが、松はあるにはあったが目立つほどではなかった。

信長が戦っていた当時、海岸線はずっと内陸に入り込んでいたので、海も近かったに違

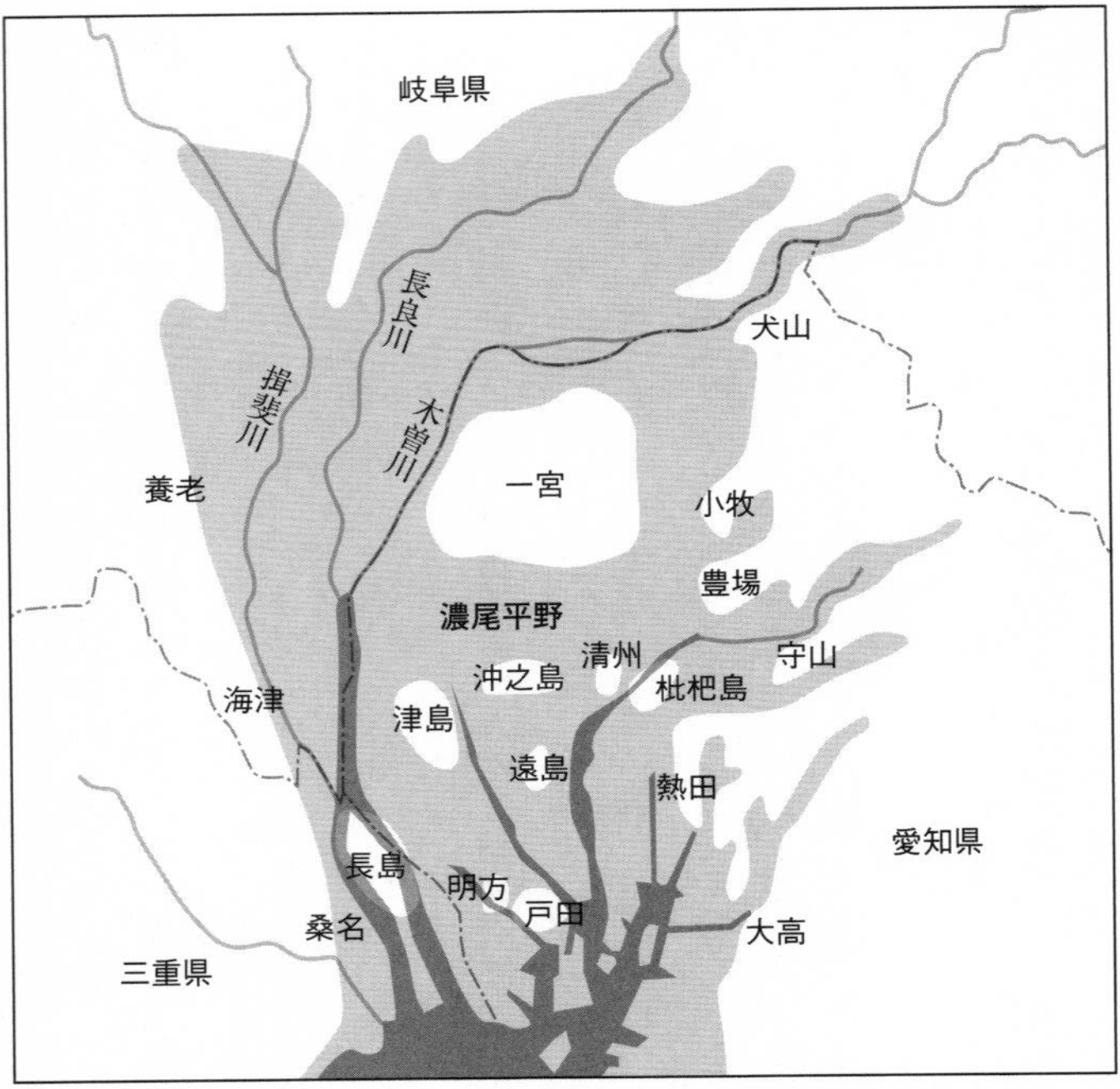

図2　古くは、伊勢湾は大きく陸地に入り込み、濃尾平野は海だったという（「尾張古図」や国土交通省中部地方整備局製作の防災テキストなどを参考に作成）

いない。

松は塩害に強い木である。そのため、日本の長い海岸線は、この木で埋め尽くされ、白砂青松と呼ばれる独特の景観ができた。信長も、松を植樹した時、海を背に松林が映える光景を思い浮かべたのだろう。

だが、江戸時代以降、干拓《かんたく》が進み、潮風は遠くなった。植生も変わり、信長が夢見た景観も消えてしまった。信長からすれば当てが外れたということになる。

現在、東京であれ、大阪であれ、日本におけるもっとも繁華な場所のほとんどは、縄文時代海の底だったが、名古屋もその例に漏れない。津島《つしま》、長島《ながしま》などは文字通り島となっており、その様は、まるで多島海である。

縄文時代に、清洲から桶狭間まで行こうと思ったら、島々を漕ぎ渡る船の旅になった。戦国時代も、縄文時代ほどでなくとも、右ページの図で島になっているところ以外は、海とも川とも陸ともしれぬあやふやな土地が多く、信長たちは行軍に苦労したに違いない。

ちなみに、義元も尾張の地勢をよく理解していて、大高城の足元に、戦船一〇〇〇隻を集めていた。桶狭間がなかったら、水陸両面の壮大な作戦で、尾張を制圧するつもりだったのだろう。彼は「海道一の弓取り」の名に恥じぬ構想力を持っていたのである。

中間地点の熱田

走り出して約三時間、ようやく熱田神宮の境内社である上知我麻《かみちかま》神社に着いた。

走った距離は、大体、十四キロメートル。

正直に言っていいだろうか？　結構疲れた。

『信長公記』によれば、夜明け頃に清洲城を出発した信長たちは、辰《たつ》の刻、大体午前八時頃に熱田神宮に着いたという。戦いが起きた時期の夜明けの時間は午前四時なので、清洲城から熱田神宮までに四時間もかけていることになる。私の方が速い。これは強調しておきたいことだが、私の方が速い。無論、騎乗の信長たちが、全速力で走って私より遅いはずがないので、この遅さはわざとだろう。

榎白山神社、日置神社、法持寺と、三か所も戦勝祈願に立ち寄ったこともあるだろうが、兵たちが集まるのを待っていたと思われる。ただ、この時点では、信長の周辺には、清洲から付き従った小姓衆と、雑兵二〇〇名がいるばかりだった。

熱田台地南端にある熱田神宮のなかでも、上知我麻神社はもっとも南にある社《やしろ》である。今はビル群に阻まれて見通しは利かないが、当時は尾張丘陵までの景色を一望できたに違いない。ここから信長は鷲津砦、丸根砦から煙が上がり、陥落した様子を目撃する。

ちなみに、この時、鷲津・丸根砦を同輩の朝比奈泰朝《あさひなやすとも》とともに手を砕いて攻めたのが家康（松平元康）だった。前日の大高城への兵糧搬入に続いて、大車輪の活躍だが、いまだ十九歳。現代だったらティーンエイジャー、まだ青少年ということになる。まさに、アンファン・テリブル、恐るべき子どもである。『信長公記』によれば、「朱武者《しゅむしゃ》」と呼ばれるほど真紅の鎧を着ていたそうで、後の狸《たぬき》おやじも、この時は颯爽《さっそう》たる若武者だった。

ただ、いくら若いとはいえ、さすがにハードワークが過ぎたようで、以後、家康主従は、大高城で体を休め、義元の着陣を待つことになった。この若手のエースをベンチに引っ込めたことが、後の決戦で大きな影響を及ぼす。

余談だが、この時の家康について、鉄砲玉としてこき使われ、ずいぶん不遇だったように描くコンテンツが多い。しかし、敵からもっとも近い場所に領土があるものが先鋒をつとめるのは、当時当たり前のことだった。家康の立場は、会長と縁続きの娘をもらった、超有望株の若手支社長のようなもので、仕事が大好きな男だし、機嫌よく働いていたんではなかろうか。

さて、再び熱田神宮にいる信長へ視点を戻すと、熱田から桶狭間まで海岸沿いに行けば距離は近い。しかし、潮が満ちて馬の足には難儀である。そのため、信長は遠回りにはなるが、内陸の道、当時はかみ道、上の道と呼ばれていた道を選んで、丹下・善照寺砦に向かうことにしたという。

この上の道を使った場合、熱田から桶狭間まで、大体十五キロメートルである。清洲から熱田までも大体同じ距離だから、熱田がちょうど中間地点ということになる。

しかし、あと十五キロメートル……合計で三〇キロメートル……。

遠ない？　いや、本当に。

清洲から桶狭間まで、たった一日で行軍するのは、当時からしても常識外だったように思う。

比較できるような、類似の戦例がないか調べていると、大坂夏の陣の際の道明寺合戦が当てはまることに気づいた。どちらも山脈や丘陵を越えて攻めてくる大軍を、平野側の少数の軍が迎え撃った戦いである。道明寺合戦の場合、後藤又兵衛《またべえ》、真田信繁は、奈良から生駒《いこま》山脈を越えて、河内《かわち》入りしようとする東軍を、平野の入口である国分《こくぶ》近辺で迎え撃とうとした。この時、主戦場と、又兵衛、信繁が宿営していた平野とでは一〇キロメートル離れていた。大体、これくらいが、尋常の間合いなのだろう。

それが信長の場合は、三倍近くの三〇キロメートルである。普通に考えれば、移動だけでカロリーを使い果たし、決戦どころではない。

義元も百戦錬磨の男である。定石《じょうせき》通り、自軍が尾張丘陵を越え、平野に入る出鼻で、信長が襲い掛かるのではないかと警戒していたと思われる。信長が主戦場を尾張丘陵の出口、中島砦や、鷲津、丸根砦辺りと考えていた場合、せめて熱田神宮くらいまでは出てきておかなくてはならない。だが、義元が沓掛城を出発する当日になっても信長はまだ清洲にいた。

それで義元は、尾張丘陵近辺での決戦の線はないと、一度気を緩めてしまった。沓掛城を発した時の義元の心胆を想像するならば次のようになるのかもしれない。

「剽悍無比《ひょうかんむひ》の信長とはいえ、さすがにこちらの大軍に畏《おそ》れをなしたのだろう。尾張丘陵越えはうまくいきそうだ。あとは、鳴海城、大高城等、陥落済みの砦をしっかり確保したうえで、戦船とともにじっくり尾張を攻めてやろう。焦ることはない。時間がたてばたつほどこちらが有利なのだから。なんなら、信長も属将にして、三河の松平元康とともに手足にしてしまえばいい。そして、尾張を地盤にいつか上洛を……」

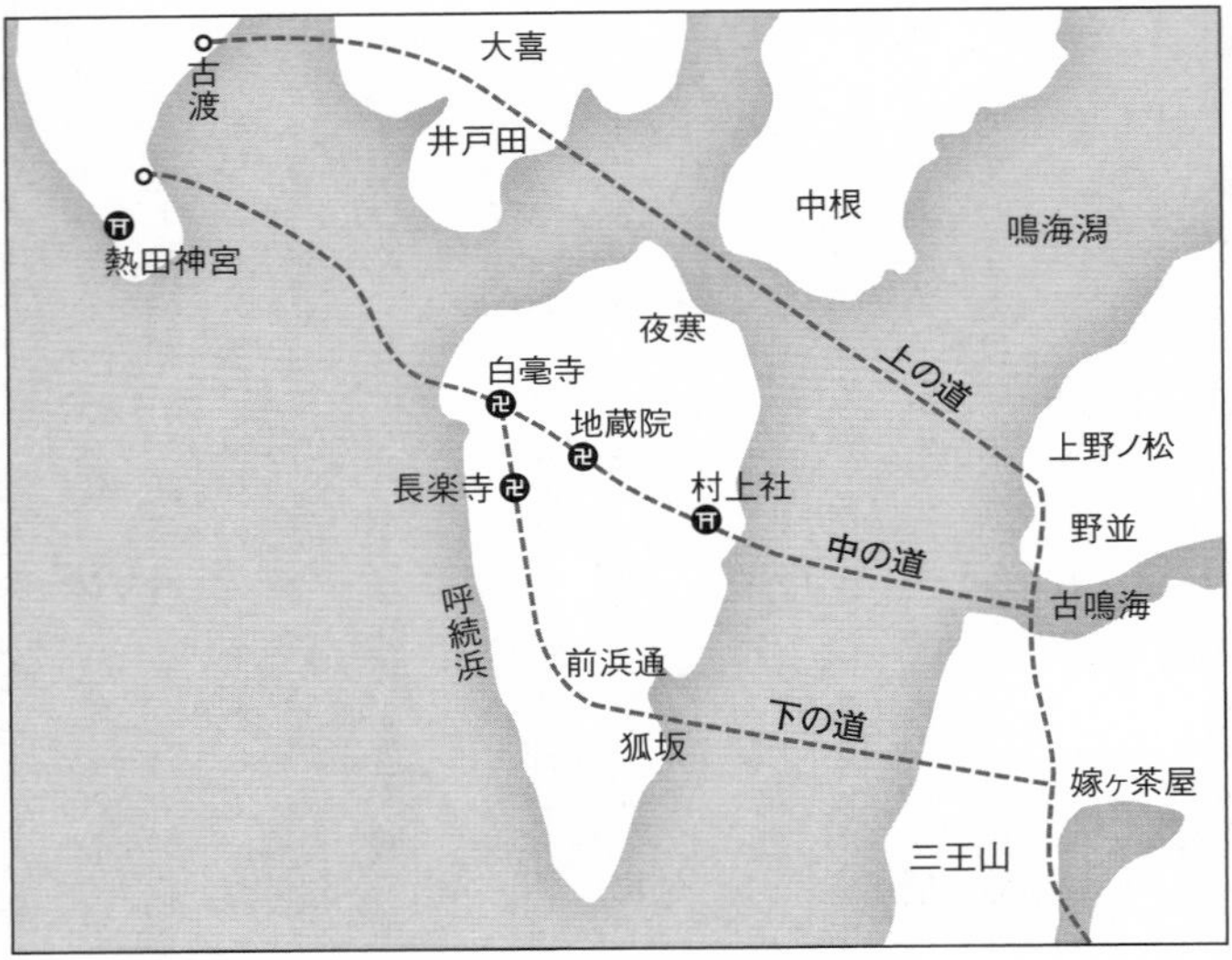

図3　鎌倉街道の3つのルートのイメージ図

意外とアップダウンがある桶狭間までの道

さて、信長が選んだ上の道だが、そのルートについては『なごやの鎌倉街道をさがす』（池田誠一著、風媒社）を参考にした。同書によると、信長は熱田神宮を出た後、二野《にの》橋に迂回し、大喜《だいぎ》、井戸田《いどた》を経由して、野並《のなみ》方向に向かったという。

地名だけ言われてもなんのことやらだろう。〔図3〕をご覧いただきたい。熱田台地から、尾張丘陵へ向かう道には、上の道、中の道、下の道の三つがあって、潮の干満によって使い分けられていた。

『なごやの鎌倉街道をさがす』によれば、潮が満ちると、二野橋から下流にまで潮が来たという。

熱田から東海道本線を歩道橋で渡り、東へしばらく進むと、右手少し入ったところに、大悲堂《だいひどう》というお寺が見えてくる。かつては牛巻《うしまき》ヶ淵《ふち》の蛇塚《へびづか》跡とされており、このすぐ西に二野橋があった。

実際、走ってみての感想だと、この辺りはもう内陸も内陸で、海の気配はかけらもない。だが、牛巻という名の由来は、大蛇が牛を池のなかに引きずり込んだからとか、昔、渦巻きがよく発生したので、「うしおまき」(潮巻?)がなまって牛巻という字をあてたとか言われているらしい。大蛇ははるか内陸に遡上《そじょう》する大潮の隠喩なのかもしれない。だとしたら、信長は大蛇を恐れて遠回りしたことになる。

さて、信長にはのっぴきならない理由があったかもしれないが、遠回りはきつい。

私が走ったこの日、一〇月だというのに、気温は二七度。日差しは容赦なく照りつけ、熱田台地・瑞穂《みずほ》台地をのぼったり下りたりしたことで、足も容赦なく削られる。

下調べの時は、「どうせ濃尾平野なんて真っ平でしょ? 余裕、余裕」と思っていたが、当てが外れた。意外とアップダウンがある。しかも、それは尾張丘陵に近づくにつれ、どんどん激しくなる。

そのため、ペースがどんどん落ち、はたから見たら「これで走ってる？　死んでるの間違いじゃなくて？」だったかもしれないが、どうかご容赦願いたい。

「あるかぎり走りまどひ過ぎ」た信長

瑞穂台地を過ぎた後、南東に進み、平子橋《ひらこ》から天白川《てんぱく》を渡る。

この辺りは、かつては長さ一キロメートルにも及ぶ広大な河原だったようである。

目印がないと心もとないということで、現在の梅野《うめの》公園に、聖松という名物の松があった。旅人はこの松を目印に歩を進めたという。中世にはあったというから、信長もこの松をにらみながら、走ったということになる。

話が前後するが、桶狭間の戦いで、信長の部将でもあった、熱田大宮司千秋季忠《せんしゅうすえただ》は戦死する。信長はその死を悼《いた》むとともに、千秋家では季忠含め戦死者が三代続いて出ていることを憂いた。信長は、子息季信《すえのぶ》に刀一振りとともに野並村を与えると、以後は戦場に出ることなく、神職に専念するよう言い含めたという。

そのため、所領だった野並にある梅野公園のそばに千秋家の墓所もある。

計画では、この梅野公園にも立ち寄る予定だったが、はるか高台にある公園を見て、「うん無理」とあきらめた。

県道五九号線を南に進み、古鳴海《こなるみ》の交差点から、鳴海丘陵をのぼる。鳴海街道と呼ばれる道で、高台にのぼるため、潮の満ち引きを心配する必要がない。信長も手堅くこの道を進んだに違いないとあたりをつけたのだが、特に記録はないので、鳴海丘陵の西側、鳴海《なるみ》潟《がた》と呼ばれる潟を、潮目を見て馬で押し渡った可能性もある。もう足も限界だったから、そっちにしておけばよかったと少し後悔する。

平安時代、菅原孝標女《すがわらのたかすえのむすめ》が著した『更級日記《さらしなにっき》』に、関東から京へのぼる途上なので、信長とは逆方向になるが、鳴海潟を渡った際の記述がある。

尾張の国、鳴海の浦を過ぐるに、夕汐《ゆうしお》ただ満ちに満ちて、今宵宿らむも、中間《ちゅうげん》に汐満ち来なば、ここをも過ぎじと、あるかぎり走りまどひ過ぎぬ

途中で潮が満ちてくるか分からないので、急いで走り渡ったということだが、この「あるかぎり走りまどひ過ぎぬ」という表現が好きだ。『信長公記』にも「もみにもんで懸け

させられ」と書かれている。信長は鳴海潟を「あるかぎり走りまどひ過ぎ」「もみにもんで懸けさせられ」たのかもしれない。

なんにせよ、ここに来て、台地をのぼったのはきつかった。鳴海丘陵南端の丹下砦跡に着いた時、私の足は生まれたての小鹿みたいになっていた。

遠くない？　桶狭間

丹下砦跡といっても、特に史跡があるわけではなく、今は住宅街に埋もれてしまっている。ただ、鳴海丘陵が潟へ向かってべっと舌を突き出したその先に築かれているため、潟から見ると比高があり、砦を築くにはなるほど格好の立地のようだった。

丹下砦の次は、善照寺砦へ向かう。善照寺砦は丹下砦からやや南、鳴海丘陵とは独立した、逆三角形の小台地上にある。そう、また坂をのぼらなきゃいけないのである。もう夕暮れ時だったが、這《は》うように善照寺砦跡に辿り着くと、そこは公園になっていて、子どもたちが元気に遊びまわっていた。

もともと、善照寺砦は、今川方に寝返った、山口教継・教吉父子の居城鳴海城に対する、付城だった。鳴海城も同じ小台地上にあり、直線距離で六〇〇メートルほどしか離れてい

善照寺砦跡から尾張丘陵を望む

ない。背中合わせにつくられたような感じで、工事の時、どうしたのだろうと心配になる。バブル華やかりし頃、対立する暴力団が、商店街を地上げするため、隣同士のビルを買い取って張り合っていたという話を聞いたことがあるが、それに似たせせこましさだ。

善照寺砦と鳴海城間には、現在、小学校がある。小台地上に家がある子どもは、皆そこに通っているのに違いなく、目の前の子どものなかにも、鳴海城側に家があるが、仲良しと会うために自転車を飛ばして来たものもいるだろう。

戦争というのは、過ぎ去ってみれば「なぜ、あんなことで争っていたのだろう」と、滑稽なことの方が多いのかもしれない。

ちなみに、鳴海城主だった山口教継・教吉父子は、桶狭間前に義元に粛清され、代わりに岡部《おかべ》元信《もとのぶ》が駐屯していた。義元は、腕はたつがしたたかで反覆常ならない教継に、重要拠点を任せるのが怖くなったのだろう。だが、後で詳述するが、この判断はミスだったかもしれない。

善照寺砦跡には展望台もあり、そこにのぼって東の尾張丘陵の方を望む。そして、再び思った。

遠ない？　いや、本当に。

一八一ページの写真は私が撮ったものだが、奥の森のように見えるのが尾張丘陵である。当時は、尾根沿いにびっしりと旗指物が並び、丘陵全体が怪物になったかのように蠢《うごめ》いていただろう。

気が弱いものなら、この光景だけでUターンしそうだ、というかしたい。

だが、蛮勇の持ち主がいた。

信長が善照寺砦に入ったのを見ると、主君の前で武勲をあげようと、中島砦に駐屯していた、先述の千秋季忠と、佐々隼人正《さっさはやとのしょう》が三〇〇人ばかりを引き連れ、今川軍に向かって突撃していったのだ。

しかし、これは無謀すぎた。圧倒的多数の今川方の前衛部隊にあっという間に揉《も》みつぶされ、千秋、佐々はじめとする五〇騎は討ち死にしてしまう。幸先悪いことこの上ないが、この様を見た信長は怯《ひる》むどころか、千秋たちが空けた穴を埋めるかのように中島砦へ軍を進めんとする。家老たちは信長の馬の轡《くつわ》の引手に取りついた。

「砦までの道は、両脇が足を取られる深田《ふかだ》で、一騎討ちするほかない細い一本道です。寡兵なのが敵から丸見えになってしまいます」

正直、私も家老様たちと一緒に、

「そうそう、ご家老衆の言う通り。あんな大軍かないっこないです。今日はこの辺にして帰りましょう」

と言いたいのだが、家来、特に家老の言うことを聞かないことにかけては定評がある信長だ。振り切ると、中島砦へ向かってしまった。私も従うほかない。ただ、この時、軍卒は小勢ながら集まっていて、「二千にたらざる御人数」くらいにはなっていたという。

郷土防衛戦争だった桶狭間

中島砦跡は、現在は深田ではなく、住宅地と堤防の間を延びる細道の脇にある。地主の方が好意で公開してくれているそうで、外観は普通の民家の庭なのだが、柵に中島城跡という案内板がかかっている。中島砦跡と書かれた石碑もあるそうで、ネットにはなかに入ってもよいという情報もあるのだが、鉄扉に気圧《けお》されて外から見るだけにとどめておいた。

この砦は丹下砦、善照寺砦と同じく、寝返った鳴海城対策として築かれた。扇川《おうぎ》と手越《てごし》川の合流地点に立地し、二つの川が運んできた土砂によってできた中州、中島だったようである。もともと、その名もずばりの中島という村があったのを、砦にしたらしい。家老たちの言っていた深田は、ここの村民がつくったものだったのだろう。

それにしても、瑞穂台地を過ぎてから、河原、潟、深田と、水と縁の深いワードが続出している。桶狭間の戦いは、水の世界と陸の世界、その境で起きた戦いだったと言えるのかもしれない。

さて、いよいよ、ここ中島砦から信長は戦場へと入っていく。

突撃前、再び止めようとする家老衆を振り放した後、信長はこう演説したという。

「皆、よく聞けよ。あれに見える武者どもは、昨日の宵に兵糧を使ったきりで、夜もすがら行軍し、大高城に米を運び、鷲津・丸根に手を砕き、疲労困憊《こんぱい》した軍だ。一方、我々は新手《あらて》の軍だ」

のっけの現状分析から間違っている。大高城に米を運び、鷲津・丸根に手を砕いたのは目の前の義元本隊ではなく家康勢である。そして、彼らは大高城でのんびり休憩中だ。あと、新手の軍とおっしゃいますけど、もう僕は疲労困憊です。

だが、信長は続ける。

「小勢だからといって大軍を恐れるな、運は天にありという言葉を知らぬか。攻めてきたら退き、退いたら付け入るのだ。是が非でもねり倒し、追い崩せ。すべて、思いのままにできる。分捕りなどするな。首も討ち捨てにしろ。戦いに勝ちさえすれば、この場にいたものは家の面目、末代の高名である。ただ励め」

圧倒的不利の状況のなか敵中に飛び込むのである。励めというより狂えと言いたかっただろう。だが、言われずとも狂っている者がいた。

前田又左衛門利家《まえだまたざえもんとしいえ》はじめとする九名が今川衆の首を持って、演説中の信長のもとに駆けつけてきたのである。彼らは信長の命令を待たずに、尾張丘陵に分け入り、勝手にゲリラ戦を挑んでいたことになる。直前に特攻して討ち死にした千秋・佐々もそうだが、異常な戦意である。

私はこの高い戦意の理由の一つに、戦前、義元が山口教継・教吉父子を粛清したことがあるのではないかと考えている。教継は裏切ったとはいえ、信秀の代は織田家の重臣だった。当然、家臣たちは皆よく知っている。それが、鳴海・大高・沓掛、国境の重要拠点を三つも手土産にして義元に寝返りながら粛清されてしまい、空き城となった居城には譜代の駿河衆が代わりに詰めることになった。

「今川方に降伏しても無駄だ」

教継の悲惨な運命に、信長の家臣たちは義元が尾張を支配するようになった時の自身の未来を重ね合わせただろう。教継の死によって、桶狭間の戦いは、上の偉い者同士が何か勝手にやってる戦いではなく、家来一人ひとりの運命が託された郷土防衛戦争となったのである。

計画外の行動をした義元？

『信長公記』によれば、中島砦を出た信長が、「山際」まで寄せると、激しいにわか雨が降りだし、石か氷のように今川衆の面《おもて》に打ち付けたという。

さて、「山際」はどこを指すのか？

この問いは桶狭間の戦いの実相がどのようなものであったか？という問いにつながるが、いまだ百家争鳴状態で、結論が出ていない。ただ、近年では、通説だった迂回奇襲説は誤りで、正面からの攻撃、もしくは強襲だったということが新しい常識になってきている。

しかし、義元がどこに布陣していたか、信長がどこからどのように攻めたか、そして、どこで義元は討たれたかという話になると、侃侃諤諤《かんかんがくがく》の議論が続き、いまだ結論は出ていない、というかもう永遠に出ないだろう。

残念、じゃあ帰りますかといきたいところだが、そうもいかないので、今回は『信長徹底解読』の「今川義元と桶狭間の戦い」を参考にして自分なりにルートを想定し走ることにした。『信長徹底解読』によれば、信長の突撃直前、義元は、中島砦南方九〇〇メートルほどの漆山《うるし》まで出張っていたという。

だとすると、「山際」は漆山麓ということになる。

ようやく辿り着いた漆山は、尾張丘陵が濃尾平野へとなだれ込む際に、孤立峰めいて盛り上がっている小山だ。現在は、住宅街で、夕飯前に子どもたちが路上にたむろして遊んでいた。平和そのものの光景だが、ここからなら中島砦付近の低地を見下ろすことができ、なるほど本陣を置くにはもってこいの地勢のように思える。

だが、本陣を置くには、やや前に出過ぎではないだろうか。

すでに書いたが、この日の朝、義元は沓掛城にいた。そして沓掛城から尾張丘陵を越えて出る道は北から言うと、鎌倉街道、東海道、大高道の三つがある。北に行けば行くほど内陸で、熱田、那古屋、清洲といった、尾張の核心部に近くなる。

義元は安全策を取って、当初、大高道から尾張入りしようとしていたようである。

その証拠は、今川方先鋒、家康の動きである。

家康は、大高城へ兵糧を入れ、その後で、同輩朝比奈泰朝とともに鷲津・丸根砦を攻撃して陥落させたが、この時、桶狭間古戦場保存会によれば大高道を使ったという。そして、大高城、鷲津・丸根砦は、大高道の尾張側の出口を扼《やく》する立地にある。

市街戦を描いた戦争映画でこんな光景を見たことはないだろうか？ビル、もしくは林の間を延びる一本道。その前で、上官が部隊を停止させると、後ろを振り返り、二人の部下に「行け」と指示を出す。部下たちは一本道へ先行し、出口に出た後左右に分かれる。周りを見渡して敵がいないことを確認、もしくは待ち伏せしていた敵を沈黙させるかして安全を確保した後、後方の部隊に向かって「大丈夫だ」と合図を送る。合図を見て安心した上官は部隊を前進させる。

家康の役割はこれだった。だからこそ、大高城に兵糧を入れ、鷲津・丸根砦を朝比奈とともに陥落させると、お役御免と大高城で高いびきしていたのだ。

義元も映画の上官のように、家康が安全を確保した大高道を通り、大高城へ入る予定だった。

ところが、漆山は大高道から北へ一キロメートル以上外れている。

ということは、義元は当初の作戦とは別の行動をしていたことになる。

私は軍人ではないが、人並みにシステムエンジニアとして十五年働いてきた経験はある。そのうえで言うと、前もって決まっていた計画を破る、しかも、それを指揮官がやるのはまずい、大変、まずい。部下たちが何をやればよいか分からなくなってしまうからだ。正直、義元漆山布陣説はあまりに前に出過ぎており、ちょっと懐疑的だが、義元が大高道から離れてフラフラと麓の方に近づいていたというのはかなりの確度をもってありうる話だと思う。

義元が信長の攻撃を受けていた間、周囲に布陣していた、大高城の家康、鳴海城の岡部元信、鷲津砦の朝比奈泰朝、大高道を行軍中の瀬名氏俊《せなうじとし》、巻山《まきやま》付近の井伊直盛《いいなおもり》といった面々は誰も援護に動いていない。

これは義元が当初の作戦と違う動きをしてしまったため、何が起きているか、また義元がどこにいるかも分からず、動くに動けなかったからではないだろうか。急雨も視界を狭くし、丘陵上の連絡はもちろん、この時、もう潮は退《ひ》いていたのだが、鳴海潟を使っての連絡も難しくした。

それにしても、義元ほどの武将がなぜこんなミスをしたのだろうか？

山谷が入り組んでる大高緑地

山際、漆山まで軍を進めた信長は、急雨がやむのと同時に「槍をおっ取て大音声《だいおんじょう》を上げて、すはかゝれかゝれ」と下知する。それに応えて麾下《きか》の軍は今川軍に「黒煙立てて」攻めかかった。

これで、今川軍は「水をまくるがごとく後ろへくはつと崩れたり」と言うから、一撃で壊乱してしまったらしい。

この後、今川軍は午刻《ごこく》に布陣していた桶狭間山まで逃げに逃げる。

私も、今川軍を追い、漆山を抜け、大高緑地東側ののぼり道を走っていく。日は沈み、街灯の明かりのみが頼りである。坂も急でなかなかきつい。

大高緑地は、テニスコート、野球場、プール、ゴーカート場などを備えた、一二〇ヘクタールの広大な面積を持つ緑地公園である。今時珍しい、ボート遊びができる琵琶《びわ》ヶ池《いけ》という池もあり、スワンボートが浮かんでいるのが、道から見えた。デイキャンプ場も構えているようで、もう夜も更けているのに小さな築山を子どもたちが歓声をあげてのぼったり降りたりしている。その脇で、ママたちが立ち話していた。正直、心細くなってきていたので、子どもたちの元気な姿はありがたかった。

それにしても、走ってみて分かったことだが、大高緑地付近の地形は、山谷輻輳《ふくそう》して複雑である。アスファルトの道と、自分の位置をGPSで示してくれるグーグルマップがなかったら、私も迷ってしまっていただろう。

こうした地形の場合、熟知しているものとそうでないもので、戦いの有利・不利に大きな差が出る。現在、大高緑地は、名古屋市民にとって身近な、自然を感じることのできる憩いの場のようだが、戦国時代はどうだっただろうか。

例えば、熱田、あるいは鳴海城辺りの地侍が「いっちょ、山に入って雉《きじ》か鹿でも撃ちてぇな」と思ったら、やはり手ごろな場所だったんではなかろうか。信長による突撃前にすでに、前田又左衛門、後の利家をはじめとして、勝手にゲリラ戦を挑んでいた者がいたということは書いた。彼らが狩りなどの目的で、大高緑地、その南の桶狭間山一帯に、日常的に分け入っていたとしたら、今川方が把握していない小道や間道《かんどう》、獣道《けものみち》を当然知っていただろう。そうした、今は名も残っていない道を利用しての、散発的な襲撃に、義元は業《ごう》を煮やしていたのかもしれない。また、この日の朝、いまだ信長は清洲にいたことから、義元は中島砦に控えている織田軍を信長が率いているとは考えていなかった可能性がある。

ハラスメント（嫌がらせ）攻撃の根を絶とうと前のめりになったところに、実は信長率いる精鋭からの思わぬ一撃を喰らったとしたら、簡単に総崩れになっても納得できる。

惜しむらくは、繰り返しになるが、もと鳴海城主、山口教継を義元自身が粛清してしまっていたことだ。教継は、国境《くにざかい》に近い笠寺《かさでら》・鳴海を本拠とし、寝返りの際には、尾張丘陵一帯の重要拠点、大高城・沓掛城をアッという間に調略している。その手並みから見て、彼は尾張丘陵の地形を熟知していただろう。

義元なりの理屈はあったのかもしれないが、彼は知らず知らずのうちに、自身を死に至らしめる伏線を張ってしまっていたのだ。

夜になってゴールした桶狭間古戦場公園

大高緑地東交差点を東に、環状二号線を渡り、大高緑地を抜けたら、後は桶狭間古戦場公園に向かうのみである。

この辺りから、桶狭間にまつわる史跡が目立ってくる。

ただ、もう夜になっていたため、多くを見逃し、今川方の部将、瀬名氏俊が評議を開いたという戦評の松くらいしか見られなかった。

総じて勝ち戦というのは疲れを感じにくいものだ。信長軍は飛ぶように駆けただろう。『信長公記』では勝ちに乗じる信長軍の様子を次のように記している。

「信長下立《おり》って、若武者共に先を争ひ、つき伏せ、つき倒ほし、いらつたる若もの共、乱れかゝつてしのぎをけづり、鍔《つば》を割り、火花をちらし、火焔をふらす」

私もその勢いを見習いたいものだが、もう走り出してから六時間を超えている。足が痛い、喉も渇いた、で片足を引きずりながらのナメクジのようなペースで、どちらかと言えば「今川義元の塗輿《ぬりごし》も捨て、くづれ」逃げ惑う今川軍雑兵を再現する感じになった。

とはいえ、旗本クラスとなるとさすがである。最初「三百騎ばかり真丸になって」義元を囲み逃げていた近習《きんじゅ》たちは、「二、三度、四、五度」と信長軍と戦闘するうちに、「五十騎ばかり」に打ち減らされていたが、それでもしたたかに抗戦を続け、信長周囲の「御馬

戦評の松の説明板

廻・御小姓衆歴々手負・死人員《かず》を知らず」という有様になったという。

だが、ついに終わりの時が来た。

「服部小平太《はっとりこへいた》、義元にかゝりあひ、膝の口きられ倒伏す。毛利新介《もうりしんすけ》、義元を伐臥《きりふ》せ頸《くび》をとる」

そして、私もようやく桶狭間古戦場公園にゴールした。時刻は十七時五九分で、もう辺りはとっぷりと暮れてしまっていた。

義元終焉《しゅうえん》の地の候補としてはもう一つ、公園から北東へ一キロメートルほど、尾張丘陵の麓、豊明《とよあけ》市にある桶狭間古戦場伝説地がある。スタート当初は「余裕があったらそこまで走ってもいいかな～」となめたことを思っていたが、その時の自分を殴ってやりたい。今日はもうここで終わり、終わりなの！

スマートウォッチの記録を見ると、七時間十三分走って、総距離四〇・四五キロメートルとなっていた。スマートウォッチは少し多めに距離を出すような気もするが、まぁ、誤差があっても五キロメートルくらいだろう。前も書いたが、やはり、相当の長駆攻撃で、厳密な奇襲の範疇《はんちゅう》には入らないかもしれないが、義元には「まさか」の思いが強かったと思われる。

桶狭間古戦場公園に立つ信長と義元の像

実はスマートウォッチの操作ミスで、辿った道の詳細なログが取れていなかったため、後日、もう一度桶狭間古戦場公園を訪れたのだが、その時は余裕があったので、古戦場公園の周囲も色々と見て回ることができた。

すると、本陣があったとされる場所が、公園から一〇〇メートルほど東にもう一つあり、「おけはざま山」と書かれた石碑が置かれていた。

また、さらにここから東に五〇〇メートルほど、この周辺ではもっとも標高の高い六四・七メートル地点を本陣跡とする説もあるという。

実際に行ってみたが、写真を撮るのもはばかられるような住宅街の真ん中だった。『信長公

記で追う　桶狭間への道』（「イン・ロック」2012年 6月増刊号）によると、巻山に遮られて、信長が攻めてきた方角、中島砦方面への見晴らしはあまりよくないと書かれていたが、確かにその通りのようだった。なんとか戦況を把握しようと、ここにのぼって、当てが外れたのだとしたら、義元も少々哀れである。

いずれにせよ、このランは本書でこれまで書いてきたもののなかで一番しんどいものになった。

ラン後は、しばらく動くことができず、公園内にある信長と義元の立派な像を、地べたに座ってぼんやり見上げていた。

頸《くび》を取られる刹那《せつな》、義元が何を思ったか、首を見て信長がどんな感慨を持ったか、英雄ならざる私には知るすべがない。ただ、義元の首が落ち、勝鬨《かちどき》があがった瞬間、名もなき兵たちが何を思ったか、ここまで走った私には確かに分かる。

「もう、これで走らないですむ」

である。

第五章　川中島の合戦

川中島の合戦　ルート地図

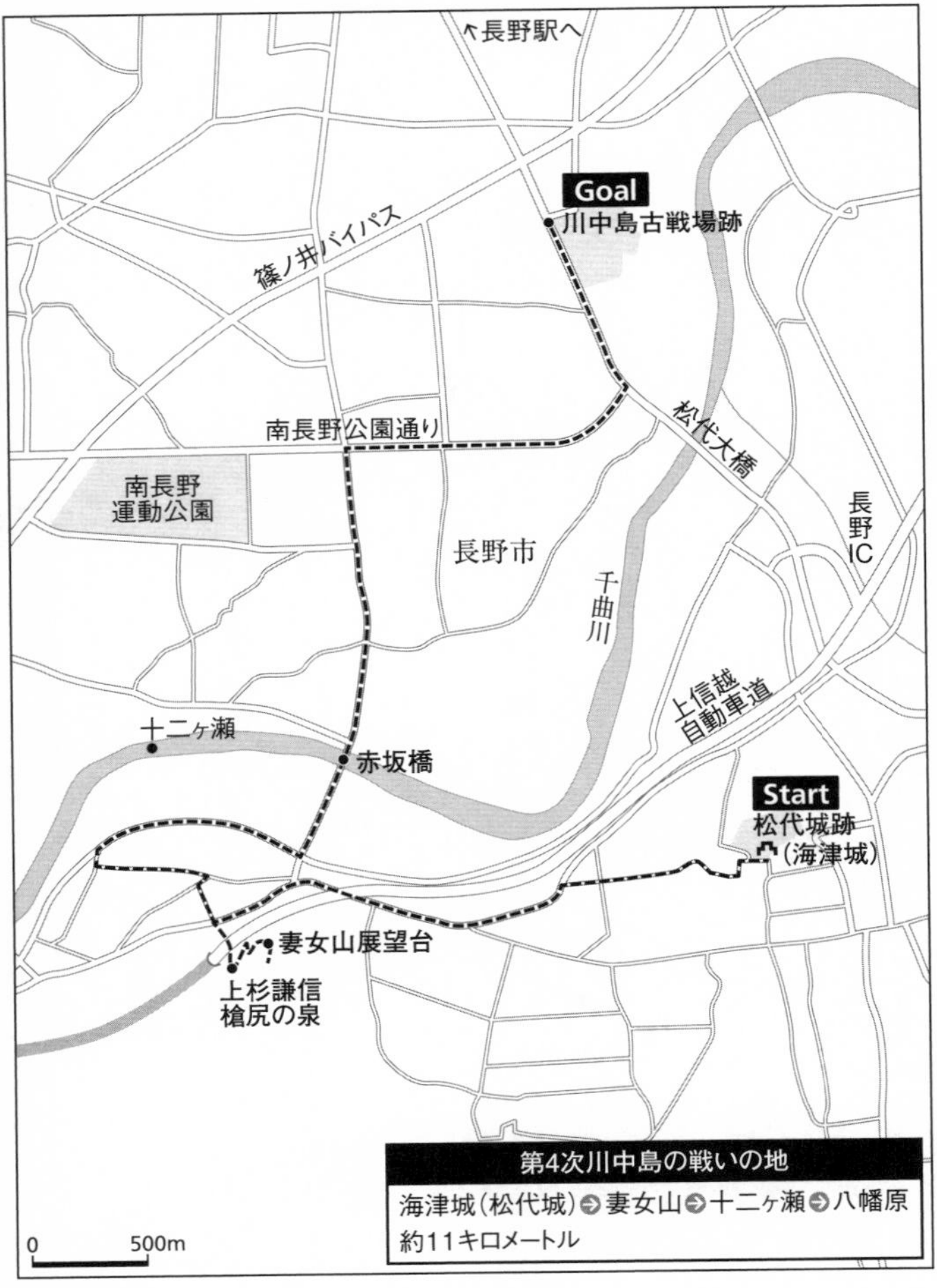

うどんと鮭を巡る戦い？

令和二年十一月、大阪から電車に揺られ揺られて五時間、長野駅に降り立つと、もう冬の風だった。あわててダウンジャケットを羽織り、ふと顔をあげる。

はるか向こうに雪冠を頂いた青い山々が見えた。輪郭のはっきりした山影が白色に縁どられ、張り詰めた美しさである。

「川中島《かわなかじま》にやって来たのだ」

ジャケットの襟《えり》を引き寄せながら、気持ちが高揚した。

今回のテーマは、武田信玄《しんげん》と上杉謙信《けんしん》が激突したことで有名な川中島の合戦。そのなかでも最大の激戦だった第四次合戦である。

永禄《えいろく》四年（一五六一）九月一〇日、信玄は軍師山本勘助《やまもとかんすけ》の「キツツキ作戦」を採用し、謙信が布陣する妻女山《さいじょ》に向かって、高坂昌信《こうさかまさのぶ》をはじめとする別働隊を差し向ける。この別働隊が辿ったルートを走ってみようと思うのだ。

うきうきした気持ちで駅前のレンタル自転車屋に向かうと、

「どこへ行くの？」

松代城からアルプスの山々を望む

と店番の女性から話しかけられた。

「川中島古戦場史跡公園へ。そこから、海津《かいづ》城とか妻女山とか、史跡をぐるっと回ってみようと思います」

「まぁ、結構遠いですよ。お気をつけて」

標準語に似た、歯切れのよいイントネーションだった。電車の長旅を思い返し、ここが関東圏にほど近いことを改めて痛感する。

長野駅から古戦場史跡公園までは自転車で約三〇分。


途中、犀川《さいがわ》を渡った。

水量豊富な、浩々たる大河だ。十一月の澄んだ陽光に映え、尽きぬ豊穣さを感じた。

犀川は標高三一八〇メートルの槍《やり》ヶ岳《たけ》より発する。このクライマー垂涎《すいぜん》の名山の、無数の渓谷から滑り落ちた雪解け水が集まり、梓川《あずさがわ》というささやかな清流になる。梓川は周辺の河川を糾合しながら肥え太り、やがて松本盆地に流れ込む。ここで奈良井《ならい》川と合して、犀川と名前を改めるわけである。犀川はさらに筑摩《ちくま》山地の山間《やまあい》を蛇行しながら進み、犀峡と呼ばれる美しい景観をいくつも残した後、長野盆地に流れ入る。そうして千曲《ちくま》川との間にできた扇状地が、半径六キロメートルに及ぶ広大な川中島平《だいら》である。

犀川が長旅の間にたっぷりと養分を蓄えたおかげで、川中島平は指で押せば蜜が染み出しそうなほど肥えている。開発の歴史も古い。氷鉋《ひがの》・御厨《みくりや》など、その地名が平安時代成立の『和名類聚抄《わみょうるいじゅしょう》』に記されている。鎌倉時代には米麦の二毛作がはじまり、信州《しんしゅう》でもっとも豊かな農地と言ってよい。

犀川がもたらすものはもう一つある。鮭《さけ》が遡上《そじょう》するのだ。奈良・平安時代、信濃《しなの》は越《えっ》中《ちゅう》・越後《えちご》と並んで鮭の特産地だった。ちなみに、川中島合戦当時、越後では大麦・小麦が穫れず、甲斐《かい》では鮭が獲れなかった。とすると、謙信はうどんが食べたいがため、信玄は鮭が食べたいため、川中島にやって来た？　これは冗談だが、信玄は信濃を占領すると、いそいそという感じで鮭川を設定し、四割の運上《うんじょう》を課している。また、合戦はいずれも米もしくは麦の収穫直後に起きた。

川中島の合戦が、食料資源を巡る争いでもあったことは否めないだろう。

川中島の名の由来

公園に着いたら駐輪場に自転車をとめ、ここから歩いて海津（松代《まつしろ》）城に向かう。距離は三キロメートルほど、約四〇分の道のりだ。

走るのは海津城からで、妻女山を経由した後、千曲川を渡り再びこの公園へ戻ってくる。そして、自転車を回収して、長野駅へ戻るという寸法である。

余談だが、海津城最寄りのＪＲ今井《いまい》駅から川中島古戦場公園までは歩くと結構しんどい。公園だけでなく、周辺に点在する史跡や、海津城や妻女山までてっとりばやく回りたいなら、長野駅周辺で自転車を借りるのがおすすめである。

海津城に行くには千曲川を渡らなくてはならない。

松代大橋を使ったが、橋の上から見ると川幅もさることながら、河川敷の広さに驚かされた。

甲武信《こぶし》ヶ岳《たけ》に端を発する千曲川は、佐久平《さくだいら》・上田《うえだ》を経て、長野盆地に入る。川は、それまで谷間を窮屈げに進んでいたうっぷんを晴らすかのように、気ままな龍のようにのたうつ。この龍は機嫌がよい時は鷹揚《おうよう》で、その内懐にいくつもの集落を営ませる。だが、ふとしたことで臍《へそ》を曲げ、町をひっくり返し、村を根こそぎにした。そのため、千曲川流域に住む人々は、石垣を積み、その上に土蔵造りの水屋《みずや》を建てた。水屋には、水に浸からぬように、味噌おけを吊り上げる滑車がついていたという。

先述の通り、この千曲川と犀川で挟まれた地帯を、川中島と呼ぶが、この二つの川と、その大小の支流から、無数の島ができたため、名付けられた名だという。

信玄も謙信も自分たちが戦っている場所を川中島として認識しており、そう記した書状も残っている。

攻防一体の名城、海津城

松代大橋から海津城まではまだもう少し距離がある。

だが、合戦当時、千曲川は現在よりもっと南を流れており、ほとんど城の裾を濡らしていると言ってよかった。水路としても重要な河川である。千曲川は犀川と合流した後、さらに北上し、信越国境を越えたところで、信濃川と名を改める。そして、越後平野を潤し

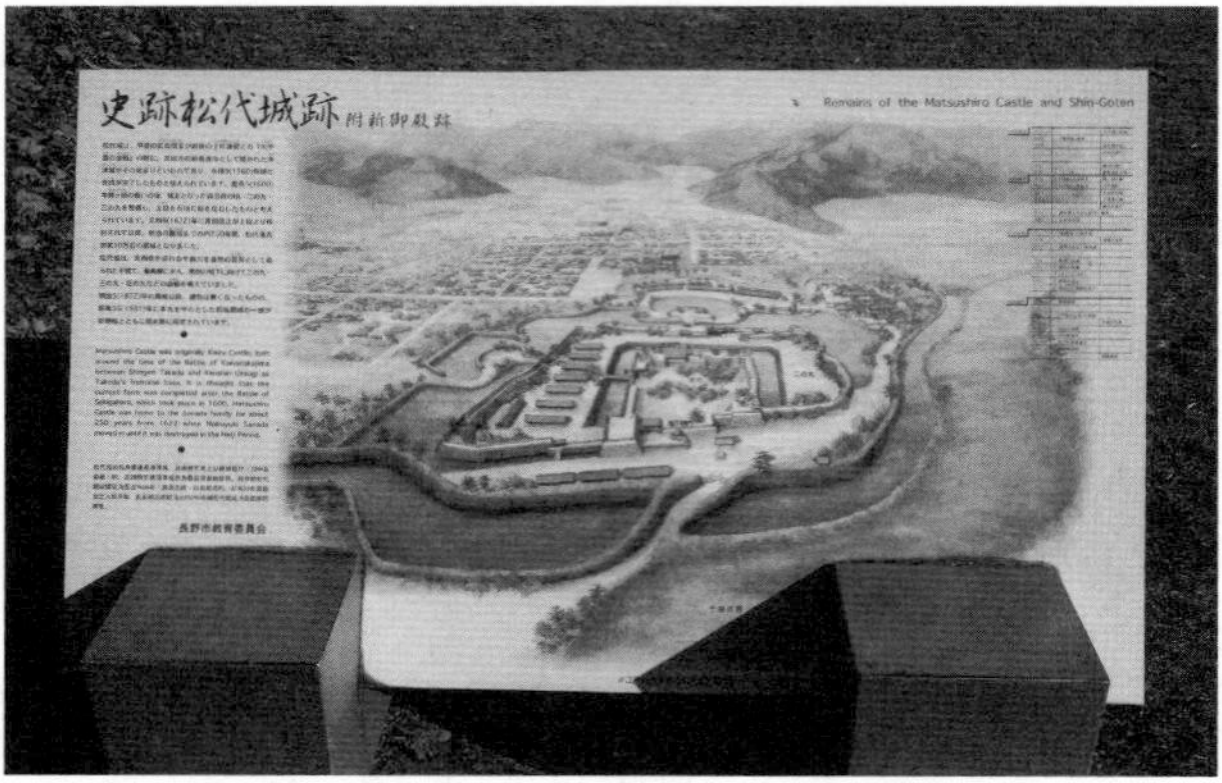

海津城は現在、松代城跡となっている

た後、日本海に注ぎ、長い旅を終える。

正式な通船がはじまったのは江戸時代からだが、その津（港）の近辺に古代遺跡が発掘されていることから、千曲川の水運の歴史は古代以来のものではないかと、長野県立歴史館の川崎保氏は指摘している。最盛期の明治五年（一八七二）には八九隻の川船が千曲川を往来し、信州と越後を結んでいた。西大滝《にしおおたき》という難所があるため、そこで荷を積みかえたのだろうが、戦国時代にも、粗放ながらこうした水運があったとしたら、千曲川沿岸に信玄の居城を築かれるのは、謙信からしたら寝室の梁《はり》に刀を吊り下げられるようなものであった。

また、陸路の面から見ても、海津城は厄介である。

当時の街道の状況については諸説あるようだが、『真説・川中島合戦』（三池純正著、洋泉社）によれば、海津城はその付近を北国《ほっこく》街道とその支道が通る交通の要衝だったという。

北国街道を北に進めば、上杉方の重要拠点である飯山《いいやま》を経て、越後を突ける。また、千曲川南岸に沿って西進すると、妻女山付近を経た後、篠《しの》ノ井《い》方面で、善光寺《ぜんこうじ》に通じる善光寺街道とも連絡する。つまり、海津城からなら、甲信越の民衆の浄土信仰の聖地である善光寺をおさえることも、北信における謙信側の拠点・飯山を攻めることも思うがままであった。謙信の北信戦略の泣き所に、正しく布石を打ったことになる。

信玄はこの要地に高坂昌信と三〇〇〇の兵を置いた。昌信は才腕もさることながら、若年の頃、信玄の愛人だったともいわれる人物だ。もっとも信頼のおける人間に任せたということになる。

見かけによらない松代城

さて、その海津城だが、現在は、松代城と呼ばれている。

松代城は、海津城を引き継いで、上田から転封《てんぽう》してきた真田氏によって築かれた。改修も重ねられているため、海津城＝松代城というわけではない。

といっても、初期の絵図を見ると、武田系の城の特徴が色濃く残っており、発掘調査の結果によれば松代城の本丸、二の丸までが海津城築城当時の縄張りであったと推定されるという（『真説・川中島合戦』）。

実地を踏んでみると、城下町の風情が残る南側からでなく、北側から近づいてしまったためだろうか、田畑に囲まれたそう大きくない、なんということのない城という印象を受けた。城というのは、普通、テーブルの真ん中にでんと大皿を置くようには縄張りされないものだ。大体、縁に置く。しかし、海津城は山であれ谷であれ、なんのエッジにも寄せられていない。天然の堀だった千曲川も今ははるか北を流れ、一目見て分かるような堅固さは感じられなかった。

「脆《もろ》そうな城だな」

正直そう思っていたが、本丸に備えられている展望台にのぼると、その考えは一変した。長野市に来てから、圧倒されるような雄大な景観を多々見てきたが、その理由は長野盆地がもともと海で、ダイナミックな地殻変動の果てにできたものだからだ。

長野市立博物館の展示によると、一六〇〇万年前、長野盆地は現在の上越地方から内陸に深く切り込む湾の一部であった。それが一三〇〇万年前頃に北アルプスの隆起がはじまり、山々から流れる土砂で湾は埋め立てられる。上越地方と長野盆地は一続きの広大な海岸平野となった。

だが、長年の造山活動により上越地方と隔離され、さらに五〇万年ほど前に、断層の西側が隆起、すでに隆起していた古い東側の山地との間に大きなくぼ地ができる。このくぼ地に犀川や千曲川の土砂が堆積してできたのが長野盆地なのである。そのため、長野盆地の西側の縁がすっきりしているのに対し、東側の山地は複雑に入り組んでおり、リアス式海岸のような様相を呈している。

ようなと書いたが、先述の経緯を考えれば、本当にリアス式海岸だったのだろう。今でも盆地の地下には、東側の尾根や谷の続きが深く埋まっている。

天然の要塞

展望台から周囲を眺めると、東・南・西の三方が山に囲まれていることに気づく。搦《から》め手《て》である南は、皆神山《みなかみ》の向こうに屏風《びょうぶ》のように河東《かとう》山地がそびえ、東側は尼厳山《あまかざり》から千曲川に向かって山裾が長々と伸びている。そして西の方も鞍骨山《くらぼね》、天城山《てしろ》と山並みが続き、千曲川へ落ち込む直前で妻女山が隆起している。

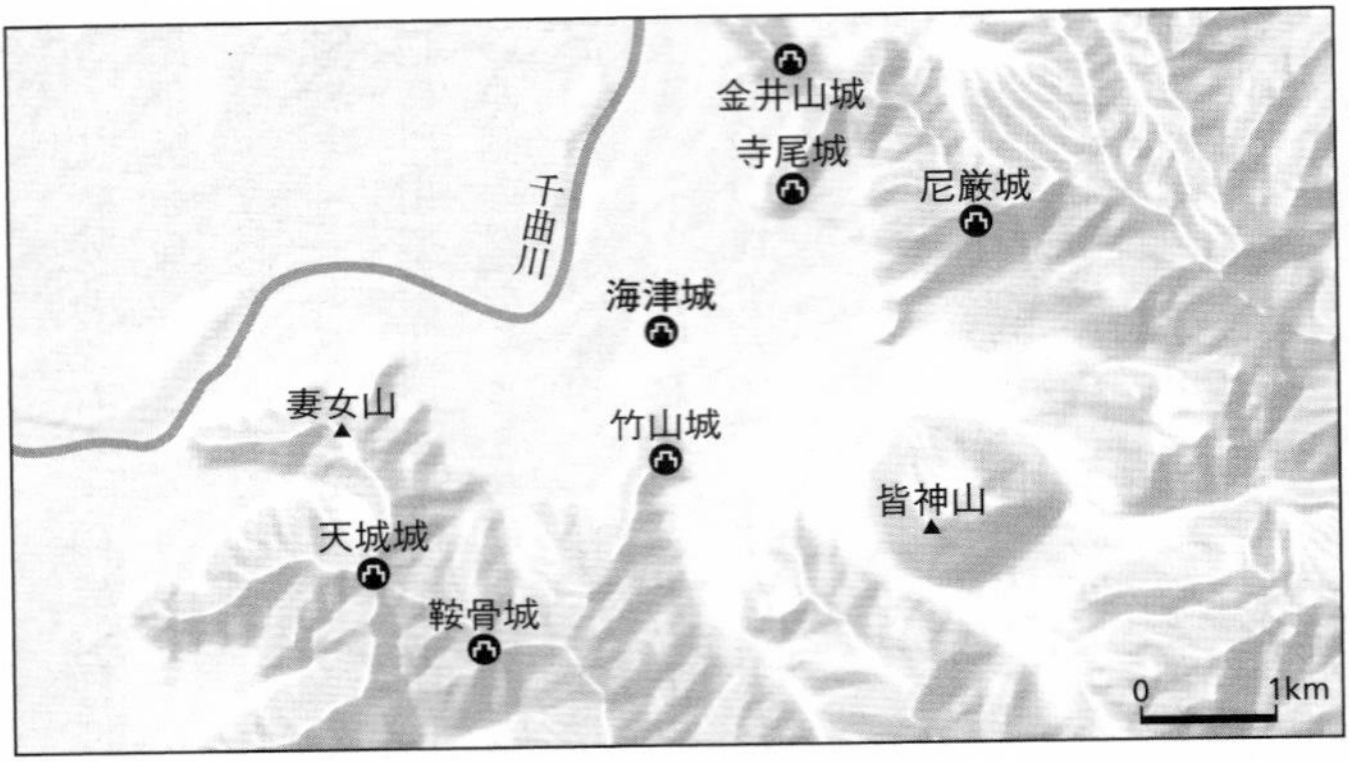

図1　海津城周辺の地形図

この様子を上空から見てみると、海津城は、リアス式海岸の入り江に懐深く抱かれた、お台場のような城に見えてくるはずである。

そして、川中島の合戦当時、この入り江の入口を、千曲川が蓋《ふた》をしていた。

城自体の堅固さに頼らなくても、天然の障壁によって、海津城は固く守られていたのだ。

加えて、入り江を囲む山々には、尼厳城、寺尾《てらお》城、金井山《かないやま》城、鞍骨城、天城城、竹山《たけやま》城などの山城が構えられていた。もともと、村上氏をはじめとする歴代の支配者が築いたものだが、信玄はそれらの城塞群を整理・統合し、ハリネズミのような防衛線を築き上げた〔**図1**〕。

一見、脆弱《ぜいじゃく》に見える海津城だが、その弱みは、周辺の地形、そして城塞群のネットワークによってカバーされていた。そして、平城《ひらじろ》特有のフットワークの軽さは、街道へのアクセスのよさとの相乗効果を生む。

しっかりとガードを固めながら、いつでも必殺の一撃を繰り出せるボクサー。

海津城は攻撃力・防御力を兼ね備えた驚異の城だった。まさに、戦国随一の戦略家、武田信玄の面目躍如である。そして、だからこそ謙信は、この城を川中島からなんとしても消滅させなくてはならなかったのだ。

海津城から妻女山へ

大阪城なんかは有名でも、城域が広すぎるし、傾斜はきついし、観光客は多いしで、案外、地元の者は小学校の遠足で一度行ったきりなんてことも多いのだが、松代城は規模といい、起伏といい、塩梅《あんばい》がちょうどよい。周辺の住民に愛されている城のようだった。老人が杖《つえ》ついて散歩し、学生カップルがお喋《しゃべ》りし、小学生が歓声をあげて鬼ごっこしていた。

もともと、松代城はより広い城域を有していたが、明治維新後に切り売りされ、その多くが宅地化してしまったのだという。子どもたちは城域に建てられた家の者かもしれず、だとしたら庭代わりに遊ぶのも、庭に闖入《ちんにゅう》してきた胡乱《うろん》な坊主頭の中年男を警戒の目で見るのも、当然の権利ということになる。

子どもたちの厳しい視線にさらされながらラジオ体操をし、そしてスタートした。

二の丸南門から城外に出て、まず目指すのは妻女山。

刈り入れの済んだ、少し寂しい農地の間を伸びる道をとことこ走りながら、第四次合戦に至るまでの経緯を整理してみよう。

第四次川中島合戦へ

天文《てんぶん》十一年（一五四二）、妹婿《むこ》の諏訪頼重《すわよりしげ》を血祭りにあげることからはじまった信玄の信濃征服事業は、天文二二年（一五五三）に村上義清《むらかみよしきよ》を葛尾《かつらお》城から放逐することで一旦の落着を見る。義清は、上田原《うえだはら》の戦い、砥石崩《といしくず》れと、信玄が二度も苦杯を嘗《な》めさせられた、北信最強の武将だった。それを破ったことで、当然、長野盆地、川中島平も信玄のものになるはずだった。

ところが越後に亡命した義清は、謙信に失地を奪還してくれと泣きついた。

そこで、義侠心《ぎきょうしん》にかられた謙信は信濃出兵を決意する……ということになっているが、それだけではないだろう。先述した通り、川中島の豊かな物産、広く厚い信仰圏を有する善光寺の存在、そして、謙信の居城春日山城《かすがやま》からわずか二日の距離の川中島は、防衛上も重要な場所だった。

謙信が関東へ侵攻するルートとして、川中島を重要視していた可能性もある。謙信の越山というと三国峠《みくにとうげ》越えが有名だが、過去の戦史を見ると、越後から関東入りする場合、北国街道を使い、碓氷峠《うすいとうげ》越えで上州《じょうしゅう》に出るケースも多い。例えば、観応《かんのう》の擾乱《じょうらん》の際、京都を脱出した足利直義《なおよし》は、北陸から北国街道を使って、鎌倉へ向かっている。

一方の信玄にとっても、川中島は譲れぬ場所だった。貧しい山国である甲斐を本拠にする信玄は、海が喉から手が出るほど欲しかった。しかし、南の太平洋は今川義元《いまがわよしもと》、北条氏《ほうじょううじ》康《やす》という巨人におさえられている。となると、川中島を足掛かりに越後を突き、日本海に出るほかない。

こうして、天文二二年（一五五三）の初めての衝突から永禄四年（一五六一）までに、信玄と謙信は三度、川中島で鉾《ほこ》を交えることになる（合戦の回数は諸説あるが、本章では通説に従う）。ただ、本格的な戦闘になったのは、天文二四年（一五五五）の第二次合戦くらいで、他の合戦はほとんどにらみ合いに終始した。

信玄も謙信も、互いの軍事能力を高く評価し、下手《へた》に手を出したら大怪我することを認識していたから慎重だったのだが、第四次合戦は、意気込みが違っていた。二人ともうっぷんがたまりにたまっていたからだ。

信玄からしたら頭から煙が出そうなほどはかりごとを巡らし、計略をもって一歩一歩尺取り虫のように得た領土である。それが、ひとたび謙信がやって来ると、賽《さい》の河原《かわら》に積んだ石よろしく、何もかも一からやり直しになってしまう。

一方の謙信にとって、信玄はたちの悪い雑草か、害虫のような存在だった。決戦はのらりくらりとかわされ、将軍足利義輝《よしてる》まで持ち出して和睦《わぼく》を結んでも、越後を留守にしている間にこっそり戻ってきて、戦線をじりじり越後側へ押し込んでいく。

「もう、勘弁ならない」

性格も思想もまるで違う二人だが、この時ばかりはその思いで一致していた。

先手を打ったのは、やはり若く大胆な戦術を好む謙信の方だった。彼は自領の越後・上《こう》野《ずけ》はもちろん、わざわざ会津《あいづ》の蘆名《あしな》氏、出羽《でわ》の大宝寺《だいほうじ》氏にまで声をかけて、軍を募った。

そして、蘆名・大宝寺勢含む二万は越中への抑えとして春日山に残し、自身は越後の精鋭一万を率いて出立した。永禄四年八月十四日のことであるという。翌十五日に善光寺に着くと、上杉方についた北信濃の豪族が合流し、さらに兵力が膨れ上がる。謙信は一部の兵を善光寺に残すと、残る一万三〇〇〇を率いて、さらに南下。犀川、千曲川を渡り、海津城とは目と鼻の先の妻女山に布陣した。

妻女山と海津城

目と鼻の先と書いたが、本当に妻女山と海津城は近い。直線距離で約二キロメートル程度、海津城（松代城）の展望台からもよく見えた。

走っても、海津城からたった二〇分ほどで、妻女山の登り口に着く。傾斜はまぁまぁきついが、謙信が槍尻で突いたところ泉が湧いたという伝説の「上杉謙信槍尻の泉」も見物しつつ、さらに一〇分ほどのぼればもう展望台である。

正直、そう大きくもない、小山である。

通説によれば、謙信はここに一万三〇〇〇の軍を籠らせたというが、本当だろうか？

実はより比高の高い斎場山《さいじょう》だったとか、鞍骨城から妻女山にかけて尾根伝いに長々と陣取っていた等、異説はあるが、どれも証拠がないので、今は通説に従うほかない。ひょっとしたら、本陣だけ置いて、その余の備えは海津城を攻めるため、妻女山の西麓に布陣させていたのかもしれない。

展望台から海津城を望んでも間近い。手を振ったら振り返してもらえる……は言い過ぎにしてもほぼ丸見えである。こんな近くから見下ろされる海津城が感じる重圧は相当なものだっただろう。

だが、謙信にとっても、この山は危険な場所だった。

先に海津城付近の地形を入り江と形容したが、妻女山はこの入り江の西を限る岬にあたる。謙信はそんなところにいきなり取りついたのだ。海津城はもちろん、入り江を囲む山々は皆敵であるにもかかわらずだ。度胸がよいだけでなく、よほど自分に自信がないとできない策だった。謙信は自身を餌《えさ》に信玄をおびき寄せ、己《おのれ》が死ぬか、信玄が死ぬか、二つに一つの決戦をする覚悟だったのである。

正攻法で茶臼山に布陣する信玄

一方、信玄も、今回ばかりは真正面から受けて立つ姿勢を見せた。

八月十六日、海津城から、謙信襲来の報を聞くと、全土に大号令をかけ、甲駿《こうすん》国境の守備兵まで引き揚げさせた。さらに、同盟国の北条・今川からも援軍を募り、総勢二万の大軍をこしらえる。この時期、信玄の領土は六〇万石にも満たないので、財布の底をはたき、家屋敷も空にして、大ばくちの種銭をつくったことになる。

謙信に遅れること一〇日、八月二四日に、信玄は川中島に姿をあらわした。

そして、謙信が囲碁でいえば飛び石、大胆な戦略を使ったのに対し、信玄はあくまで正攻法、着実な手を打つ。川中島西端の茶臼山《ちゃうす》に布陣したのだ。ここは、謙信が善光寺から妻女山に向かった際に使った、長野盆地西麓を走る街道を見下ろす立地にあった。謙信の兵站《へいたん》を絶つ作戦である。飢えに耐えかねた謙信が海津城を強攻した場合はその背後を襲えばいいし、あきらめて退却したら通せんぼし、海津城の軍と挟み撃ちにすればよい。この時、信玄は戦いの主導権を握ったと確信しただろう。

謙信のなぞかけか

だが、謙信はどの策も取らなかった。海津城に猛攻をかけるわけでもなく、かといって越後に帰ろうとするわけでもなく、ただ妻女山を動かなかったのだ。

こうなると信玄の方がじれてくる。なにせ相手は謙信だ。北条氏康でもない、織田信長《のぶなが》でもない、徳川家康《いえやす》でもない、上杉謙信なのだ。自身を毘沙門天《びしゃもんてん》の化身と信ずる男、十四歳での初陣以来弓矢で一度も後れを取ったことのない男、日ノ本における武の本場、関東の諸侯が悪魔のように恐れはばかる男。

謙信と共闘して北条氏に立ち向かった名将、太田資正《おおたすけまさ》は以下のように、謙信とその麾下《きか》の軍を評している。


大将と申し、士卒といひ、たとえ二三百たりとも、欺《あざむ》き申すべき相手にあらず。其上其勢堅く、一万なれば、是れ五万・六万の敵に取合わせても、之を以て、戦時は不足なき位に候。第一には金鉄の逞兵《ていへい》、死を一途に思ひ定め、一万にて、戦はんを、誰やの人か、大事の敵と慎むまで候べき。氏康も信玄も、悪しく召されては、多分敗軍なるべし。(『松隣夜話《しょうりんやわ》』)

一万人いれば、五万、六万の敵とも伍して戦える。そんな相手が、一万三〇〇〇もの兵を持っている。比して、自身はたった二万である。

段々、信玄は妻女山をまさに山の如く動かない謙信が不気味に見えてきた。

考えてみれば、春日山にはまだ二万の軍がある。そして、春日山から川中島まではたった二日の距離である。海津城を攻める謙信の背後を襲うにせよ、川中島で挟み撃ちにする

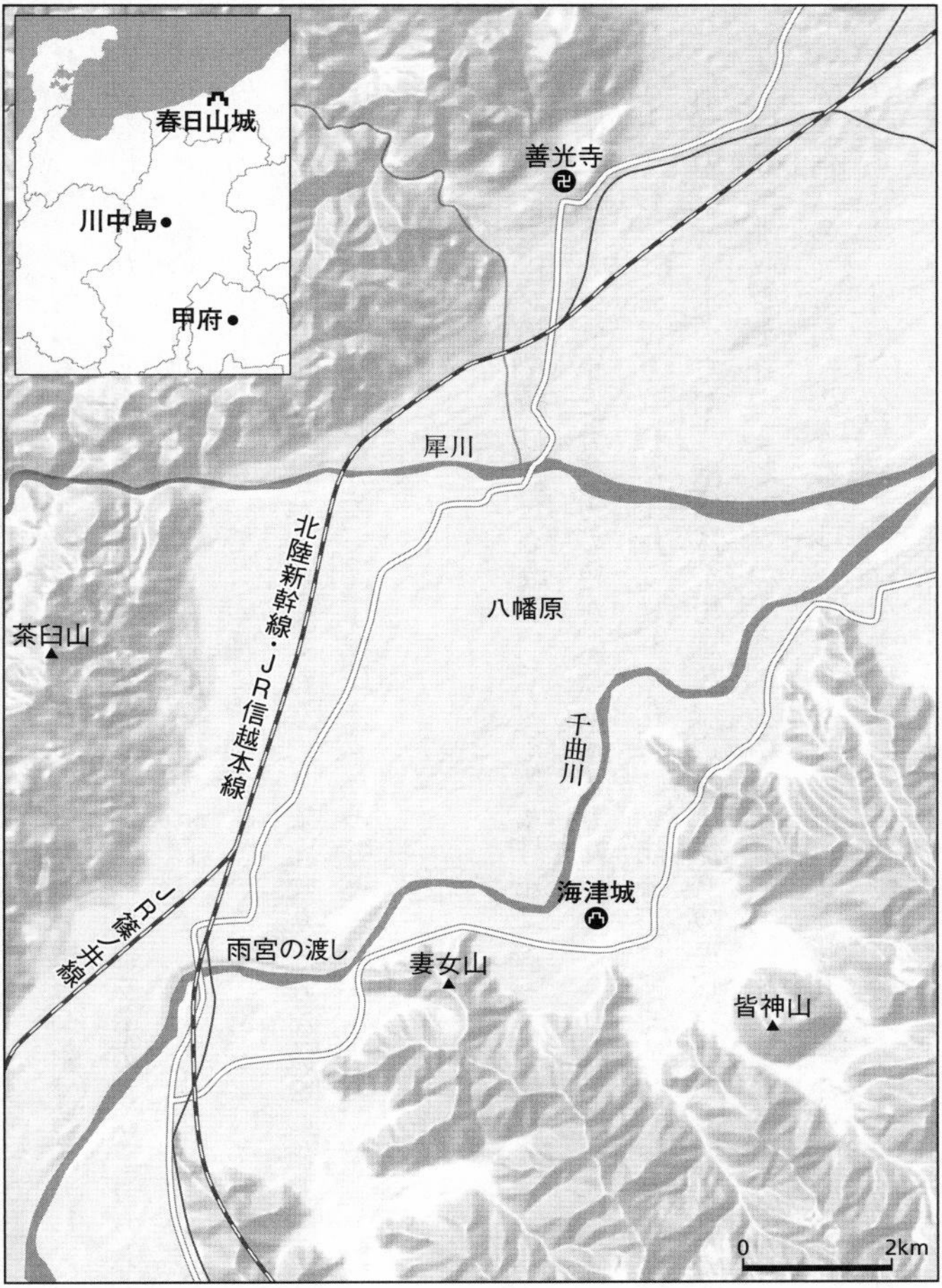

図2　川中島の合戦の要図

にせよ、一撃で仕留めることができなかったら、春日山から援軍が駆けつけてくるだろう。戦場を川中島だけに限れば兵力が優勢で包囲しているのは信玄の方だが、コンパスを広げ、越後まで含めたら包囲しているのは謙信の方だった。そして謙信と違い、信玄にはもう予備兵力がない、有り金はたいてこの地にやって来ているのである。

信玄は謙信のなぞかけに負けたのかもしれない。安全だが平凡な策を取った。二九日、茶臼山を降りると、千曲川を渡って海津城に入ったのである。

軍師・山本勘助の策

そして、さらに対陣を続け、月も改まって迎えた九月九日。

この頃になると、両軍とも疲労の色が濃くなってきた。

まず、上杉方はやはり兵糧が不足しはじめた。このままでは飢え死にだと諸将が騒ぎ出し、退却の決断を求めたが、謙信は不用意な撤退は、信玄の追撃を招くと抑えた。その代わり、放火・乱取りを許すことで、かろうじて軍の瓦解を免れたという。

一方、信玄の方も自領のみならず、北条・今川の援軍まで駆り集めながら、一戦もしない体《てい》たらくでは、男が廃《すた》ると突き上げを受けていた。戦国大名というか、当時の男稼業は憎まれても、恐れられてもよいが、なめられたらおしまいなのである。

信玄・謙信とも決断の時が迫っていた。

そして、信玄が仕掛ける。

山本勘助に馬場信春《ばばのぶはる》と相談のうえ、作戦を立てるよう命じると、勘助は以下のような策を具申した。

「二万の兵力のうち、一万二〇〇〇で謙信が陣をかまえる妻女山に夜襲をかけます。勝っても負けても越後勢は、川を引き上げて退却するはずなので、八幡原《はちまんばら》にお屋形様率いるお旗本組八〇〇〇で、第二陣を構えておき、挟み撃ちして謙信を討ち取りましょう」

史上名高い「キツツキ作戦」だが、これも色々突っ込みどころが多い作戦である。猛将謙信をそう簡単に妻女山から追い落とせるのか？　追い落としたとしてなぜ八幡原に逃げてくると分かるのか？　など……。そのため、識者のなかには、この時の信玄の狙いは善光寺の方で、別働隊は謙信の目をそらすための陽動だったという説を唱える人もいる。そちらの方が理にかなっている気もするが、なにせ川中島の合戦は有名な割に史料が少ないので、通説に従うほかない。

別働隊は、高坂昌信、馬場信春、飯富虎昌《おぶとらまさ》、小山田備中《おやまだびっちゅう》、甘利左衛門尉《あまりさえもんのじょう》、真田幸隆《ゆきたか》、

相木昌朝《あいきまさとも》、芦田信守《あしだのぶもり》、小山田信茂《のぶしげ》、小幡尾張守《おばたおわりのかみ》の一〇頭が選抜され、本隊は武田信玄、義信《よしのぶ》父子、弟の武田信繁《のぶしげ》・信廉《のぶかね》、飯富昌景《まさかげ》、内藤昌秀《まさひで》、室住虎光《もろずみとらみつ》、原昌胤《はらまさたね》、望月重氏《もちづきしげうじ》、跡《あと》部《べ》勝資《かつすけ》、今福善九郎《いまふくぜんくろう》、浅利信種《あさりのぶたね》の十二頭が率いる。

だが、決戦前夜、妻女山の謙信は、海津城から上がる炊煙が増えているのを見て、信玄の策を見抜いてしまう。

彼は別働隊を出し抜いて、夜陰、山を降り、八幡原に向かった。

そのため、一〇日の午前七時頃、別働隊が妻女山を襲った時、陣幕のなかはもぬけの殻で、ただむなしくかがり火が焚かれているだけだった。

「お屋形様が危ない！」

高坂昌信はじめとする別働隊はあわをくって、謙信軍の後を追った。

武田別働隊のナゾ

私も妻女山を降り、千曲川へ向かうが、その前に海津城から妻女山までのルートについて一言。読者のなかには、「あれ、別働隊って海津城を囲む山沿いに妻女山に向かったんじゃないの？」と思っている方もおられると思う。これは『甲越信戦録《こうえつしんせんろく》』の記述によるもので、ランの後に見た、長野市立博物館の解説ビデオでも、別働隊は鞍骨城を経由して、尾根沿いに妻女山を襲ったことになっていた。

だが、『川中島合戦』（海上知明著、原書房）によると、信州大学のワンダーフォーゲル部が『甲越信戦録』のルートを辿ったところ、大軍の移動は不可能と結論づけたという。また、ブログ「埋もれた古城」を運営されているウモ氏も「鞍骨城周辺の尾根は、尾根筋こそなだらかなものの、山の両側は急斜面で、唯一通り抜けが可能なのは妻女山から鞍骨城と天城山城の間の二本松峠を越えるルートくらいなものですが、険阻《けんそ》なルートを一万二〇〇〇人の大軍が夜間行動をするなど、現地地形を見る限り考えられません」と述べている。

海上《うなかみ》氏は、別働隊は山沿いではなく平地を、もっぱら霧によって身を隠しながら向かったとしており、私もその説に拠《よ》ることにした。地元の人によると、霧の発生は前日の夜に予測できるのだという。

決して私が「険しい山道は嫌だ」とか「熊が怖い」とかで手抜きしたわけではないのである、決して、決して……。

ところで、ふと思ったが、謙信は、妻女山が鞍骨城をはじめとする、城塞群との連絡が難しいことを、実は知っていたのではないだろうか。無謀・蛮勇なようで、実は確かな裏付

千曲川

けがあるのが、謙信という武将なのかもしれない。

十二ヶ瀬から千曲川を渡る

山を降りた後、別働隊が向かったという、十二《じゅうに》ヶ瀬《せ》の渡しを目指す。

とはいえ、千曲川の流れは当時からずいぶん変わっている。十二ヶ瀬がどこかも諸説あるようだが、郷土史研究家の林盛幸《もりゆき》氏によると、岩野《いわの》橋から赤坂《あかさか》橋の大体真ん中、妻女山から北北西の位置にあったらしい。

妻女山展望台からは約二キロメートル。岩野の村から、千曲川沿いの堤防にのぼってみると、改めて千曲川の大きさを感じた。河川敷には農地が広がり、そこからずいぶん下がって、千曲川が悠々と流れている。当時は、川がいくつも分流して、中州が網の目状になり、瀬がいくつもあるように見えたという。それで、十二ヶ瀬と名付けられたわけである。

千曲川の両岸には、洪水の度にできる自然堤防がいくつも残されていたというので、堤防と中州を組み合わせたら、寡兵でも面白い戦ができそうな地勢だ。

甘粕景持vs.武田別働隊

謙信は、妻女山から八幡原までの最短ルートであるこの場所に、武田別働隊への抑えとして、甘粕景持《あまかすかげもち》隊二〇〇〇を置いた。

景持は、白峰《しらね》山中で、イノシシや鹿を追って生計を立てていたという、昔話の豪傑めいた伝承が残っている。そうした話ができるくらい、地形を生かした小戦が得意な男だったのだろう。景持は瀬を義経のように飛び渡り、万を超す武田別働隊相手によく戦った。武田方は次々に倒れ、千曲川は血で真っ赤に染まったという。

しかし、別働隊も、武田家の俊英揃いである。

戌《いぬ》ヶ瀬、猫ヶ瀬など、別の瀬を見つけると、兵を割いて渡河させ、甘粕隊を背後から強襲したのだ。ちなみに、戌ヶ瀬、猫ヶ瀬は、犬や猫でも渡れるという意味である。林盛幸氏によると、千曲川は一級河川の割に水量の増減が激しく、渇水期には子どもでも歩いて渡れ、ダンプカーが渡河するのを見たこともあるという。第四次川中島合戦の頃は、渇水期にあたるので、水量は少なかったのではと指摘している。

腹背に攻撃を受けた甘粕隊は崩れ、善光寺へ逃走していく。別働隊はそれを追わず、八幡原へ向かった。

川中島はとにかく開けて眺望がいい。おそらく肉眼で鉄砲の光、立ちのぼる煙が見え、弓弦の音、侍たちの怒号が聞こえただろう。

私も瀬を渡り……といきたいところだが、今の千曲川は到底、徒歩で渡れるようには見えないし秋風も寒い。申し訳ないが、十二ヶ瀬からやや下流の赤坂橋を渡らせてもらう。

ちなみに第四次合戦が起きた永禄四年九月九日は、太陽暦だと一〇月二七日にあたる。もうずいぶん寒かっただろう。びしょ濡れでチャンバラして、風邪など引かなかったのだろうか。

信玄と謙信の一騎討ち

千曲川を北に渡り、県道三八五号線を北に進む。沿道にはリンゴの果樹園が並び、ＪＡ

の流通センターもある。千曲川の南と同じ、農業が盛んな地域のようだが、土地が広いせいか、規模が大きくなったように見える。

ちなみに松代は、川中島の統治者、真田家の治所《ちしょ》であったにもかかわらず、明治になってからは、街域を拡大するスペースがなかったため、発展から置いていかれた。信玄が注目した地勢は、近代的な街づくりにはマイナスだったということになる。なかなか八方よしとはいかないものである。

走り出して四〇分、身体も十分温まり、私なりにだが、なかなか快調に走れている。大体、一・五キロメートルほど走ったところで、東に折れて南長野公園通りに入る。するといかにも日本の地方都市の郊外といった感じの景色に変わる。広大な駐車場を構えた、衣料品店やレストラン、ホームセンターなどが軒を連ねる光景から、当時を偲《しの》ぶのはなかなか難しいが、走りながら、謙信と信玄の激突がどのようなものであったか考えてみたいと思う。

『真説・川中島合戦』によれば、川中島の合戦当時、千曲川と犀川の間には、御幣川《おんべ》、古《こ》犀《さい》川、小島川と三つの支流が流れていたという。小島川は川中島東部を縦断し、激戦地として知られる八幡原付近で千曲川と合流していた。そのため、著者の三池氏は、八幡原は河原ではなかったかと推測している。

信玄率いる本隊八〇〇〇は、別働隊より少し遅れて、九月一〇日寅《とら》の上刻（午前三時頃）海津城を発した。別働隊とは逆方向の北に進み、広瀬の渡しから千曲川を渡って、八幡原に布陣した……というが、闇夜、しかも乳のように濃い霧の底である。

そう細かい部署割はできなかったはずで、同士討ちなど起きぬよう、適当に距離を置いて兵たちを河原に折り敷かせていたものと思われる。

ここで信玄は妻女山からあがるはずの鬨《とき》の声を今か今かと待っていた。

だが、それは一向に聞こえず、妻女山近辺に放った物見も一人も帰ってこない。これは、上杉方が武田方の物見をしらみ潰しに討ち取っていたためだという。

明けてびっくり！　眼前に敵

『武田三代軍記』によれば卯《う》の上刻（午前五時頃）、夜明けとともに霧が晴れる。白いベールがはらわれ、八幡原を朝の光が洗った時、信玄が前面に見たものは、別働隊に追われるどころか、毘沙門天の旗幟《きし》を高々と突き立て、整然と布陣した上杉軍の姿だった。

と書けば、いかにも軍記ものっぽいが、あまりにもできすぎているため異説もある。不期遭遇戦説といい、実は、この時、上杉軍は単に越後へ退却中だったというのだ。兵糧は切れてきたし、兵たちの望郷の念も強い、そのうえどうも武田軍は何か仕掛けようとしている。

「一旦、霧に紛れて引き揚げ、仕切り直そうか」

そう思っていたところ、たまたま、霧のなかで、八幡原の武田軍と鉢合わせしてしまったというのである。

信玄の方も別に「キツツキ作戦」など考えていたわけでなく、別働隊は陽動にして、自身は謙信の退路を断つべく、善光寺を狙っていた。信玄もびっくりなら、謙信もびっくりというわけで、名将同士の会戦にしては、あまりかっこよくない。

が、川中島の合戦の大きな特徴の一つ、彼我《ひが》の被害があまりに大きいことの説明はつく。

なにせ、通常、軍の一割に被害が出たら、戦闘不能になるものなのに、『甲越信戦録』によれば、武田方四六三〇人、上杉方三四七〇人と、ともに二割以上の被害を受けている。

大怪我を負っても、身体の様子を落ち着いて改めるまで、あまり痛みは感じないというが、この合戦も、霧のなかで、お互い何が起きているかよく分からないまま夢中で殴り合っていたのだとしたら、異常なまでの大きな被害も納得できる。

車がかりの陣vs.鶴翼の陣

通説と異説いずれにせよ、戦場となった八幡原は丘も溝もない茫々《ぼうぼう》たる河原で、小細工ができそうもない。西洋の決闘に、片手を紐《ひも》で結び、残るもう一方の手で、どちらかが失神するまで殴り合うというものがあるが、信玄と謙信も似たような立場になった。

生き残りたければ、もう相手を打ち倒すしかない。

この時、上杉軍は車がかりの陣を敷いた。車がかりの陣はその勇壮な響きのため有名だが、実態はよく分からない。軍全体を車輪のように回転させ、備《そなえ》（部隊）をぶつけては離脱するのを繰り返す戦法ともいうが、ただの戦力の逐次投入なので、謙信がそんな愚策を取るはずがない。海上知明氏は「丸備《まるぞなえ》」と表現している軍記ものもあることから、謙信の本陣を中心とした円陣ではなかったかと推測している。通常の陣のように、備の役割を固定化させず、戦況によって攻撃・援護・防御と、役割を流動的に振り分け、頻繁に配置転換を繰り返す陣形である。その様子が車輪が回転するように見えたから、車がかりの陣。まさしく、謙信の卓越した指揮能力、そして越後勢の精強さがあってこそできる戦法だった。

一方、作戦を見破られ、一時は茫然自失となった信玄とその軍だが、すぐさま気を取り直すと、鶴翼《かくよく》に布陣した。

「かかってこい！　やっつけてやる」

と、ファイティングポーズを取ったわけである。

同時代の人々も、信玄と謙信、そして彼らが率いる甲州勢と越後勢が、天下最強の軍団であると認めていた。『大和国興福寺蓮成院記録《やまとのくにこうふくじれんじょういんきろく》』に「甲斐、越後之弓矢天下一之軍士」という記述があるが、その評価に嘘《うそ》偽りがないことを、信玄も謙信もこの八幡原で証明したわけである。

凄惨な戦いへ

謙信は鶴翼の懐に飛び込むような馬鹿な真似はせず、両翼へのアプローチからはじめた。武田軍の右翼には柿崎景家《かきざきかげいえ》、左翼には新発田長敦《しばたながあつ》という獰猛《どうもう》無比な武将をぶつけ、その翼をもぎ取ろうとした。

だが、武田方右翼の内藤昌秀、左翼の穴山信君《あなやまのぶただ》、そして、その間にあって戦列を守っていた飯富昌景、武田信繁といった諸将は、信じられないような勇気を示した。

上杉軍の攻撃をしのぎ切ると、激しく反撃し、逆に押し返したのだ。

柿崎隊は三町（約三三〇メートル）、新発田隊は四町（約四四〇メートル）後退したという。だが、先述のように車がかりの陣は備えの役割をスイッチし、配置転換を繰り返す戦法である。

先鋒が敗れても新手が繰り出される。波状攻撃に右翼の内藤隊が崩れ、その破れ目に、本庄繁長《ほんじょうしげなが》、長尾藤景《ふじかげ》、山吉豊守《やまよしとよもり》、北条高広《たかひろ》といったとにかく闘うことが大好きな面々が喰らいつく。信玄の広げた翼は羽を散らしてやせ細り、今や謙信の鋭鋒は、その心臓部にまで達しようとしていた。

危機を救った弟の武田信繁

信玄の弟信繁は穏やかで心優しく、癇《かん》が強く奇矯《ききょう》なふるまいの多かった兄より、父信虎《のぶとら》からよほど愛された。そのため、本来なら信玄でなく、信繁が武田家の家督を継ぐはずだった。それが、信玄がクーデターで信虎を駿河に追放したため、一部将の地位に甘んじなくてはならなくなった。

しかし、信繁は信玄の大器を認め、兄に影のように付き従い支え続けた。信玄の覇業のいくらかは、この有能で篤実な弟の補佐によるものである。

この日、信繁は、黄金造りの武田菱《びし》の前立て、黒糸と緋《ひ》で威《おど》した鎧《よろい》、紺地に金泥《きんでい》で法華《ほっけ》経陀羅尼品《きょうだらにほん》の経文が記された母衣《ほろ》という出で立ちだった。陀羅尼といえば、何やら仰々しいが、元は梵字・サンスクリットで書かれたおまじないである。生きとし生けるものすべての幸福と、仏道を志すものに災難がふりかからぬようにという願いが込められている。経文は信玄の直筆で、この感心な弟への心からの祈りだった。

また、信繁がまたがる馬は、小山田信有《のぶあり》から贈られたものである。信有は甲斐最大の国人で、郡内地方の領主だった。

甲斐と一口に言っても、実際は東部の郡内《ぐんない》と、甲府盆地を中心とする国中《くになか》の二つに分かれる。小山田氏は郡内を領してきた一族で、代々、国中を支配する武田家と鋭く争ってきた。いわば小山田氏は、甲斐国内で最大の野党とも言え、信有が従属しているからこそ、信玄は甲斐の国主だと胸を張れるわけである。

信繁がこの日身にまとっていたもの、それは彼がその人生で捧げてきたものすべてだと言ってよかった。信繁は信玄本陣の前に立ちふさがり、洪水の如く押し寄せてくる上杉勢相手に奮闘した。信繁隊は三度も上杉軍を押し返したというから凄まじい。しかし、衆寡敵せず、隊はみるみる蠟《ろう》のように痩せていく。援軍無用と伝えていたらしいが、信玄も見ていられなくなったのだろう。望月重氏を救援に遣わした。このあたり、兄弟の特別な情を感じて、涙ぐましい。

だが、信繁は自軍の被害を見て、覚悟を決める。敵中に必死の突撃をかけ、時間を稼ぐとともに、自身の死によって味方の奮起を図ったのである。家臣の春日源之丞《かすがげんのじょう》に母衣を託し、息子信豊《のぶとよ》に渡すよう言い含めると、生き延びた将兵たちに、

「兄信玄のためともに死のう。端武者《はむしゃ》は相手せず、敵の大将を見たら、必ず組討ちに刺し違えよ」

と呼び掛けた。

逃げる者は一人もおらず、皆死ぬことをカラリと決めた。信繁隊は主従以下、敵に切り込んだ。

英雄一騎討ちへ

上杉勢も突出した信繁隊を袋叩きにしようとしたが、そうはさせじと内藤昌秀、望月重氏らが駆けつける。阿修羅《あしゅら》の如く荒れ狂う信繁隊に近づくことが難しくなった上杉勢は、らしくない方法を取った。熊でも仕留めるように、遠巻きにして、銃撃したのである。弾

上杉軍は動揺し、丸がその身を貫き、ついに信繁は八幡原に斃《たお》れた。

しかし、彼の死はその望み通り、武田軍の心に火をつけた。

信玄は特攻した信繁の後を追うように、本陣を一町も前進させたので、武田軍は逆に奮い立ったという。

戦いは斬りつ斬られつの混戦となった。鎧の肩をつかみ合い、組み合って転び、ようよう頸《くび》を取って立ち上がると、「その首は我が主のもの」と突き伏せられる。甲州勢は信玄がどこか分からず、越後勢も謙信を見失った。備えとしての態をなしているものも少なくなり、兵たちはもっぱら自分ひとりの勇気だけで戦わなくてはならなくなった。

通常、この状態になれば、どんな軍でも崩壊する。ただ、武田軍、上杉軍だけにできる戦いだった。それでも、兵力に勝る上杉方がじりじりと武田方を広瀬の渡しの方へと追い詰めていく。乱戦のなか、室住虎光、山本勘助なども討ち死にした。

そして、もはや両軍ともに組織を失い、戦いの様相が、そのもっともプリミティブな姿、原始人が棍棒を持って殴り合っていた時代のものにまで戻った時、謙信は臍《ほぞ》を固める。もはや勝敗は己と信玄、一人の戦士、いやそれ以前の一匹のけだものとしての腕力によって決するべきと。

萌黄《もえぎ》色の胴肩衣《かたぎぬ》、白手ぬぐいで頭を包んだ謙信は、月毛の馬にまたがり、三尺の太刀《たち》を肩に担ぐと、真一文字に駆けだした。

この時、信玄の姿が見えぬよう、一騎当千の者たちが信玄を取り囲んでいたという。

しかし、不思議な悟性を持って、謙信はライバルがどこにいるか分かった。

謙信は側近たちを蹴散らすと、床几《しょうぎ》にどっかと座っていた信玄目掛け、三太刀切りかけた。

信玄も立ち上がり、軍配団扇《うちわ》でそれを受け止める。

武田信玄と上杉謙信、当代一級の英雄同士の一騎討ちという、あまりに豪奢《ごうしゃ》な光景に、しばし我を忘れて見とれていた近習《きんじゅ》、中間頭《ちゅうげんがしら》、二十人衆頭（旗本）も気を取り直すと、慌てて間に割って入った。

中間頭原《はら》大隅守《おおすみのかみ》が青貝の槍をつきかけようとして、誤って月毛の馬の尻を叩いた。これに驚いて馬は棹立ちとなり、謙信を乗せたまま一目散に走り去った。それで、信玄も難を逃れたということである。

残業六時間十五分の戦い

南長野公園通りから、赤川《あかがわ》の交差点を北に折れ、長野真田線という異名も持つ、県道三五号線をしばらく行くと、木立に囲まれた川中島古戦場史跡公園が見えてくる。

妻女山から赤坂橋経由で古戦場公園まで約七・六キロメートル。

私の一見止まっているように見えて、その実本当に遅い走法でも、大体一時間の距離である。

しかし、別働隊が、八幡原の合戦場に駆けつけたのは、巳《み》の刻（午前一〇時頃）であったというから、午前七時に妻女山に着いたとして、三時間もかかっている。

甘粕隊の抗戦はよほど巧みだったのだろう。

上杉軍と武田本隊が激突してから数えても、五時間たっているので、足止めが仮にもう一時間かかっていた場合、さすがの信玄も千曲川に追い落とされ、武田軍本隊は全滅の憂き目にあっていたかもしれない。

しかし、別働隊は大幅に遅れながら、とにもかくにも間に合った。

この頃、武田軍だけでなく、上杉軍も疲れ切っていた。ボクシングでいえば、最終ラウンド、お互い何度もダウンし、クリンチしあうことで、ようよう立っている状態である。

そこに新手の一万二〇〇〇が後ろから殴りつけたのだからたまらない。

信玄・謙信一騎討ちの像

息を吹き返した武田軍本隊との間で挟み撃ちになった上杉軍は嘘のようなあっけなさで崩れた。旗本衆も主君を見失い、この時、逃げ去る謙信に付き従ったものは、わずか三騎だったという。

追撃戦はこの後も、犀川沿いの丹波《たんば》島まで続くのだが、今回のランは川中島古戦場公園までとさせてもらいたい。ちなみにこの時、丹波島で武田軍の前に立ちふさがり、友軍の退却を助けたのはあの甘粕景持である。

この日の、武田方のＭＶＰが武田信繁なら、上杉方のＭＶＰは間違いなく甘粕景持になるだろう。

さて、私の方は、古戦場公園を軽く回り、佐《さ》久《く》間象山《ましょうざん》銅像なども見物した後、著名な信玄・

謙信一騎討ち像の前でゴールである。

スマートウォッチを見ると、総走行距離十一・三一キロメートル、総走行時間一時間三三分四秒だった。

空気は綺麗《きれい》だし、周りを囲む山々の景観も美しい。赤坂橋を越えると、目立った史跡がないのが少し寂しいが、楽しいランであった。

もちろん、別働隊にそんな余裕はなかっただろう。

戦闘がすべて終了し、信玄が全軍を八幡原に集結させて、勝鬨《かちどき》をあげさせたのは、申《さる》の刻（午後四時頃）であった。

別働隊が海津城を発ってから実に十四時間たっていたことになる。定時の労働時間を七時間四五分としたら、残業六時間十五分。三六協定違反もよいところだ。

その間、濃霧の底で野に伏せ、妻女山にのぼり、千曲川でびしょ濡れになって甘粕隊と駆けっこし、ようよう渡河したと思ったら休みなく八幡原まで全力疾走……しかも、高坂昌信などは、甘粕隊に二度にわたって邪魔されたのが納得いかなかったのか、さらに犀川を渡って丹波島を攻撃することを言い出して聞かなかったという。

やっぱり、戦国ライフは、タフじゃないとやっていけないようである。

あとがき

「五日間も淀《よど》に泊ろうなどと誰が言ったか?」

大坂夏の陣終結後の二条城で、家康《いえやす》は荒々しく三度言ったという。

家康は人を叱る際、人払いしたうえで、物柔らかに言い聞かすことを心がけていたというが、『三河物語』だと大久保彦左衛門《ひこざえもん》相手に人前で怒鳴りまくっている。

冒頭の言葉に戻ると、家康は夏の陣最後の日、真田信繁《のぶしげ》が最後の突撃をしてきた際に、旗持が身辺にいなかった件にえらく腹を立てていた。そこで、旗奉行たちを詰問しようとしたが、広間に見当たらない。そんな状況のなかで叫んだ言葉だった。

この本を書くために『三河物語』を最初読んだ時、当初はどういう意味かよく分からなかった。

彦左衛門はついぞ読者目線というものがなく全然説明してくれないし、また真っ正直に

「名指すわけにはまいりませんが、上下ともにそのことを言わなかった者はおりません」

などと答えるので、話は「誰が」言ったかにそれていき有耶無耶《うやむや》になってしまう。

だが、この本を書いていたら、自然と戦国時代の地理や道事情に詳しくなり、家康の言葉の意味が分かるようになった。

家康もそうだが、大坂夏の陣が終わった後、徳川家の家臣たちは豊臣秀吉《ひでよし》のつくった京街道を使って、京へ帰ろうとした。なかには淀川に船を浮かべたものもいるかもしれない。淀は宇治《うじ》川と桂《かつら》川が合流し淀川に名を改めるちょうどその位置にあるため、淀川はもちろん、ほぼ淀川に沿って伸びる京街道を行く場合も、必ず立ち寄ることになる。そして、古代以来の名津である淀は、宿場町として殷賑《いんしん》を極めていた。

戦いに勝ってすっかり気が抜けた者たちは、そこから北へ約十三キロメートルの位置の、怖い怖い大御所様のいる二条城まで出仕するのが嫌になったに違いない。言うともなしに「淀に泊まろう、泊まろう」ということになり、大坂夏の陣終結から数えて五日間も、淀で酒池肉林を貪《むさぼ》ったのだ。

それに、淀は、豊臣秀頼《ひでより》とともに滅ぼした「おふくろさま」淀殿が、秀吉から賜った土地である。淀殿の呼び名もこの地にちなんでいる。遊女とたわむれながら、将卒たちは

「おふくろさま」をもう一度やっつけている気持ちになったのかもしれない。そして、そんな将卒のなかに、問題の旗奉行たちもいたのである。

まだ、戦後処理が山積みなのに……なるほど、家康の怒りは、ごもっともとなるが、彼の腹立ちはもっと奥が深いのかもしれない。

大坂夏の陣前後の家康の移動距離は尋常ではない。

まず五月五日、京都二条城を発ち河内星田《かわちほしだ》に着陣（約三〇キロメートル）。六日、星田から千塚《ちづか》に移動（約十八キロメートル）。七日決戦の日、千塚から平野《ひらの》を経由して茶臼山《ちゃうすやま》に（約十六キロメートル）。この間、真田信繁に追い回されて殺されそうになる。八日、秀頼母子切腹の報を聞き、茶臼山を出て大坂城の焼け跡を見回った後、この日のうちに京都二条城に帰還（約五〇キロメートル）！

合計一一四キロメートル。

無論、馬も使ったのかもしれないが、乗馬だって激しく体力を消耗する全身運動だ。レクサスの後部座席で高いびきをかくのとはわけが違う。

家康からすれば、

「七三歳の俺が一〇〇キロメートル以上も走り回って休みもなく働いている。なんで、まだ若いお前らが、途中で走るのをやめて、淀くんだりで息抜きしてるんだ。馬鹿野郎」ということだったのだろう。

戦国時代、最後の勝者は、皆が走るのをやめても走り続けていた。

家康は走り勝ったのである。

この本を書くにあたって大阪市史編纂所様からは、古地図、当時のルートについて助言をいただいた。お礼申し上げる。

逸話の出典調査の際、有川淳一氏、まとめ管理人@1059kanri氏には、多大なる骨折りをいただいた。感謝に堪えない。

また、本書は先達の研究者たちが残した論文、書籍、ブログ記事などに多くを拠《よ》っている。私など巨人の肩でさえずる小鳥のようなものである。おひとりおひとりにお礼を申し上げたいが、参考文献の掲示に代えさせてもらう。ここまで読み進めた読者諸氏はぜひ、巻末の参考文献にも目を通し、手に取ってほしい。

前作に続き、この企画の立ち上げにはアップルシードエージェンシー栂井《とがい》理恵氏がご尽力くださった。集英社インターナショナルの土屋ゆふ氏も、前作『戦国、まずい飯！』に続き編集を担当くださり、終始温かい励ましをかけ続けてくれた。筆・足ともに鈍足な私が無事、走り終えることができたのは、すべてお二方のサポートによるものである。ありがとうございます。

最後に、コロナ禍のなかでも聡明さと明るさを失わず、公私ともに助力してくれた妻に感謝をささげる。

参考文献

第一章

・『日本の戦史　大坂の役』旧参謀本部編、徳間書店
・『現代語訳　三河物語』大久保彦左衛門著、小林賢章訳、筑摩書房
・『大坂御陣覚書』大阪市史編纂所編、大阪市史料調査会
・『新修　大阪市史　史料編　第五巻　大阪城編』大阪市史編纂所編、大阪市史料調査会
・『大阪市の旧街道と坂道』大阪市土木技術協会、大阪都市協会
・『凹凸を楽しむ大阪「高低差」地形散歩』新之介著、洋泉社
・『大阪アースダイバー』中沢新一著、講談社
・『大坂の陣　証言・史上最大の攻防戦』二木謙一著、中央公論新社
・『大坂の陣　豊臣氏を滅ぼしたのは誰か』相川司著、河出書房新社
・『真田信繁　幸村と呼ばれた男の真実』平山優著、ＫＡＤＯＫＡＷＡ
・『真田より活躍した男　毛利勝永』今福匡著、宮帯出版社
・『真田信繁の書状を読む』丸島和洋著、星海社

・『大阪の陣と越前勢』福井市立郷土歴史博物館
・『大坂の陣と戦の街道』杉山三記雄著、読書館
・『大阪の街道』神野清秀著、松籟社
・『街道の日本史33　大坂　摂津・河内・和泉』今井修平・村田路人編、吉川弘文館
・『大坂城全史——歴史と構造の謎を解く』中村博司著、筑摩書房
・『戦国の陣形』乃至政彦著、講談社
・『真説　鉄砲伝来』宇田川武久著、平凡社
・『戦国の軍隊　現代軍事学から見た戦国大名の軍勢』西股総生著、学研パブリッシング
・『難波戦記』万年頼方・二階堂行憲・清範忠著、早稲田大学編輯部編、君見ずや出版
・『豊臣大坂城　秀吉の築城・秀頼の平和・家康の攻略』笠谷和比古・黒田慶一著、新潮社
・「大阪上町台地周辺の古地形復元の概要」（趙哲済著、総括シンポジウム「古墳時代における都市化の実証的比較研究―大阪上町台地・博多湾岸・奈良盆地」2018年発表）

第二章

・『ここまでわかった　本能寺の変と明智光秀』洋泉社編集部編、洋泉社

・『明智光秀の乱　天正十年六月政変　織田政権の成立と崩壊』小林正信著、里文出版
・『迷宮の日本史　あの人の「足どり」』歴史の謎研究会編、青春出版社
・『明智光秀　浪人出身の外様大名の実像』谷口研語著、洋泉社
・『明智光秀　史料で読む戦国史』藤田達生・福島克彦編、八木書店古書出版部
・『信長が見た戦国京都　城塞に囲まれた異貌の都』河内将芳著、法藏館
・『歴史の旅　戦国時代の京都を歩く』河内将芳著、吉川弘文館
・『平安京はいらなかった　古代の夢を喰らう中世』桃崎有一郎著、吉川弘文館
・『信長徹底解読　ここまでわかった本当の姿』堀新・井上泰至編、文学通信
・『現代語訳　信長公記』太田牛一著、中川太古訳、中経出版
・『信長軍の合戦史』日本史史料研究会監修、渡邊大門編集、吉川弘文館
・『明智光秀　残虐と謀略――一級史料で読み解く』橋場日月著、祥伝社
・『時代小説の愉しみ』隆慶一郎著、講談社
・『京都と京街道　京都・丹波・丹後』水本邦彦編、吉川弘文館
・山陰街道の古道@京都・亀岡「明智光秀が本能寺へ行く時に通った道」を歩く（「京都のお墨付き！」　osumituki.com　https://osumituki.com/kyotokanko/unexplored-region/138743.html）

第三章

・『信長と石山合戦　中世の信仰と一揆』神田千里著、吉川弘文館
・『信長徹底解読　ここまでわかった本当の姿』堀新・井上泰至編、文学通信
・『現代語訳　信長公記』太田牛一著、中川太古訳、中経出版
・『中世を道から読む』齋藤慎一著、講談社
・『地図と読む　現代語訳　信長公記』太田牛一著、中川太古訳、ＫＡＤＯＫＡＷＡ
・『信長軍の合戦史』日本史史料研究会監修、渡邊大門編、吉川弘文館
・『大坂城全史――歴史と構造の謎を解く』中村博司著、筑摩書房
・『大阪市の旧街道と坂道』大阪市土木技術協会、大阪都市協会
・『大阪「高低差」地形散歩』新之介著、洋泉社
・『なにわ大坂をつくった１００人　その素顔を探し求めて16世紀～17世紀編』関西・大阪21世紀協会編著、澪標
・『大阪府中世城館事典』中西裕樹著、戎光祥出版
・『大阪の街道』神野清秀著、松籟社

・『街道の日本史33　大坂　摂津・河内・和泉』今井修平、村田路人編、吉川弘文館
・「大阪を歩こう」　http://blog.livedoor.jp/osakawalker/
・萱振御坊　恵光寺　http://ecoji.org/about.html
・「戦国末期から近世初期の平野郷関係史料について」大阪大学文学部編「待兼山論叢　史学篇」13号P49－65本城正徳著
・堀越神社　https://www.horikoshijinja.or.jp/

第四章

・『信長徹底解読　ここまでわかった本当の姿』堀新・井上泰至編、文学通信
・『信長公記で追う「桶狭間への道」』「イン・ロック」２０１２年6月増刊号、インロック
・『織田信長　戦国時代の「正義」を貫く』柴裕之著、平凡社
・『地図と読む　現代語訳　信長公記』太田牛一著、中川太古訳、ＫＡＤＯＫＡＷＡ
・『信長記』小瀬甫庵撰、石井恭二校注、現代思潮新社
・『桶狭間の戦い　信長の決断・義元の誤算』藤本正行著、洋泉社
・『信長軍の合戦史』日本史史料研究会監修、渡邊大門編集、吉川弘文館

・『地図と地形で楽しむ名古屋歴史散歩』都市研究会編、洋泉社
・『名古屋を古地図で歩く本　古代尾張から戦国期、尾張徳川まで〝歴史の謎解き〟めぐり』ロム・インターナショナル編、河出書房新社
・『古地図で楽しむ尾張』溝口常俊著、風媒社
・『なごやの鎌倉街道をさがす』池田誠一著、風媒社
・『なごやの古道・街道を歩く』池田誠一著、風媒社
・「歴史街道」2010年6月号、PHP研究所
・「桶狭間武将三路」(桶狭間古戦場保存会、http://cloud.wisebook.jp/html/okehazama/1028/data/1/contents.html)
・「まちもよう」　http://www.matimoyou.com/15matukozimar.html

第五章

・『川中島合戦　戦略で分析する古戦史』海上知明著、原書房
・『戦史ドキュメント 川中島の戦い〈下〉龍虎激突―死闘の果て』平山優著、学研プラス
・『真説・川中島合戦　封印された戦国最大の白兵戦』三池純正著、洋泉社

・「〈戦国時代〉龍虎合い見える　戦国最大の攻防　川中島の戦い」河合秀郎著、学研プラス
・「探求！　川中島決戦　信玄と謙信　それぞれの野望」大山格著、学研プラス
・『街道の日本史25　北国街道　東北信濃と上越』吉川貞雄、花ヶ前盛明編、吉川弘文館
・「歴史群像」２０１６年10月号、学研プラス
・「歴史街道」２０１３年３月号、ＰＨＰ研究所
・『信州学ライブラリー①　犀川と千曲川　～流域の多様な暮らしと文化～』市川建夫著、マイナビ出版
・「『十六・七世紀イエズス会日本報告集』における軍役人数（兵力数）の記載について」白峰旬著、別府大学大学院紀要18号Ｐ65－77
・「遺跡から見た古代千曲川の水運」（川崎保、https://www.janestudies.org/wp-content/uploads/2018/files/JANES_NL_J_no15（2007）_8.kawasaki.pdf）
・「MORI MORI KIDS」（林盛幸著、http://www41.tok2.com/home/capino/mori/index.html）

図版作成　アトリエ・プラン

黒澤はゆま　くろさわ　はゆま

歴史小説家。一九七九年、宮崎県生まれ。著書に『戦国、まずい飯！』（インターナショナル新書）、『劉邦の宦官』（双葉社）、『九度山秘録』（河出書房新社）、『なぜ闘う男は少年が好きなのか』（ＫＫベストセラーズ）などがある。好きなものは酒と猫。

インターナショナル新書一〇二

戦国《せんごく》ラン　手柄《てがら》は足《あし》にあり

二〇二二年六月一二日　第一刷発行

著　者　黒澤《くろさわ》はゆま
発行者　岩瀬　朗
発行所　株式会社 集英社インターナショナル
〒一〇一－〇〇六四 東京都千代田区神田猿楽町一－五－一八
電話 〇三－五二一一－二六三〇
発売所　株式会社 集英社
〒一〇一－八〇五〇 東京都千代田区一ツ橋二－五－一〇
電話 〇三－三二三〇－六〇八〇（読者係）
〇三－三二三〇－六三九三（販売部）書店専用
装　幀　アルビレオ
印刷所　大日本印刷株式会社
製本所　大日本印刷株式会社

ISBN978-4-7976-8102-4　C0221

インターナショナル新書

100
リベラルアーツ
「遊び」を極めて賢者になる
浦久俊彦

リベラルアーツの本質は「人生を遊びつづけるためのわざ」。その極意を江戸の暮らしなどから学び、具体的に仕事や教育にどう活かすか、古今東西の名著を引きながら論じる。画期的なリベラルアーツ本。

101
わたしの心のレンズ
現場の記憶を紡ぐ
大石芳野

ベトナム、カンボジア、アウシュヴィッツ、そして広島、長崎、沖縄……。戦争の悲劇に襲われた地で撮影、取材を続け、各地の生活を見て来た著者の思い。今、共生と共存を考えるためのヒントがここにある。

103
スキを突く経営
面白家電のサンコーはなぜウケるのか
山光博康

秋葉原発のアイデアグッズメーカーが家電業界に参入、ユニークな商品を次々にヒットさせ破竹の快進撃を遂げている。その創業者が斬新な商品開発の裏側を大公開。混迷の時代を生き抜く独自の経営理念とは⁉︎

104
シャーロック・ホームズのすべて
ロジャー・ジョンスン
ジーン・アプトン
日暮雅通＝訳

一九世紀後半に登場して以来、探偵の代名詞として常に最高の人気を保ち続けるホームズ。フィクションのキャラクターという枠を超えて、世界中の人々を魅了し、影響を与える名探偵に関するトリビアを網羅。